아파트 하자소송의 이론과 쟁점

건설전담재판장 출신의 변호사가 알려주는 아파트 하자의 해법

이수철 · 이정은

박영사

머리말

판사 재직시 부산지방법원 건설전담재판부 재판장을 2년 동안 역임하였다. 각종 건설사건 등과 함께 아파트 등 집합건물의 하자보수에 갈음하는 손해배상 청구소송(이하 "아파트 하자소송"이라 한다)도 상당히 많이 처리하였다. 그러다 보니 부산판례연구회에서 입주자대표회의의 권한에 관한 논문을 발표하는 등 자연히 아파트하자소송과 관련한 연구를 많이 하였다.

그것이 인연이 된 것인지 변호사 개업후에 아파트하자소송을 다소 많이 처리하게 되었고 2018년 경부터는 아파트하자소송을 전담하는 법무법인 해강 서울지사를 설립하여 아파트하자소송을 보다 더 본격적으로 하게 되었다. 그리하여 100건 이상의 하자소송을 처리하게 되었으며 그 과정에서 아파트하자소송에 관한 자료가 많이 축적되어 이를 정리하여 간단한 책자로 출간하게 되었다.

아파트하자소송에 관하여 적용되는 기본적 법률에는 집합건물의 소유 및 관리에 관한 법률(이하 "집합건물법"이라고 한다)과 아파트 등 공동주택에만 적용되는 주택법에서 분리된 공동주택관리법이 있다. 양자 모두 아파트의 하자보수에 관한 권리의 행사에 관하여 규정하고 있어 하자보수에 관하여 양 법률이 중첩적으로 적용된다. 그런데 양자의 관계에 관하여 충분히 이해하지 못하면 올바른 권리행사를 할 수 없다.

집합건물법에는 분양자(시행사)에 대하여 하자보수 및 손해배상을 청구할 수 있음을 규정하면서 시행사가 무자력이면 시공사에 대하여서도 이를 청구할 수 있도록 규정하고 있다. 그러나 공동주택관리법에서는 하자보수의 주체를 시공사로 규정하고 있기 때문에 시행사를 제외하고 시공사만을 상대로 손해배상청구소송를 제기하였다가 패소한 경우도 보았다.

또 2013. 6. 19. 이후에 분양된 아파트 등에 적용되는 현행 집합건물법은 집합건물의 담보책임에 관하여 시설공사별로 2년, 3년, 5년, 10년의 제척기간을 두어 위 기간동안에 권리를 행사하지 않으면 권리가 소멸하는 것으로 규정하고 있고 공동주택관리법도 이에 따라 2년~10년의 담보책임기간을 규정하고 있으며 입주자대표회의로 하여금 하자보수청구의 주체로 규정하여 하자보수청구의 방법 등에 관하여 규정하고 있다. 그렇기 때문에 2년, 3년, 5년 등의 담보책임기간이 도래할 때마다 입주자대표회의 명의로 내용증명우편으로 하자보수청구를 하여 두고서는 제척기간이 준수되어 권리가 보전된 것으로 착각하고 있는 경우도 보았다. 그러나 하자보수에 갈음하는 손해배상청구권은 구분소유자에 귀속하는 재산권으로서 입주자대표회의가 이를 행사할 수 없고 따라서 구분소유자로부터 채권양도를 받지 않은 한 입주자대표회의가 이행청구를 하더라도 제척기간의 준수효과가 있는 이행청구가 될 수 없어 권리보전이 되지 않는다.

하자의 개념에 관하여 보면, 아파트 하자는 법규나 설계도면의 지시에 따르지 않은 미시공, 변경시공의 하자와 공사상의 잘못으로 균열, 뒤틀림 등 기능상, 안전상, 미관상 지장을 초래하는 하자로 나뉜다. 전자를 사용검사 전의 하자, 후자를 사용검사 후의 하자로 부른다. 하자에 관한 특별한 지식이 없는 일반인은 사용검사 후의 하자만을 하자로 인식하고 사용검사 전의 하자는 하자로 인식하지 못하고 있다. 그러나 통상적으로 하자보수에 갈음하는 손해배상청구에 있어서 사용검사 전의 하자의 분량이 사용검사 후의 하자의 분량보다 많다. 사용검사 전의 히지는 아파트를 분양받기 위하여 지급한 돈에 비하여 아파트의 가치가 부족한 것이므로 당연히 보상을 받아야 한다.

과거에는 아파트하자소송이 많지 않았으나 지금은 아파트 소유자들의 권리의식이 높아져 하자소송을 하는 아파트가 점점 증가하는 것으로 보인다. 아파트 하자소송을 다소 부정적으로 보는 시각도 있으나 하자소송을 통하여 아파트의 소유자들이 그들의 권리를 행사하는 것은 당연한 것일 뿐만 아니라 그러한 권리주장을 통하여 건설사들로 하여금 법규에 위배되지 않고 하자가 적은 고품질의 아파트를 건설하도록 유도하게 되는 효과가 있다고 할 것이므로 사회적으로도 순기능을 한다고 보아야 할 것이다.

이 책을 통해 많은 사람들이 아파트 하자에 관한 기본적인 지식을 습득하여 정당한 권리를 행사하는 데 도움이 될 수 있기를 바란다.

법무법인 해강 대표변호사
이수철

아파트 하자소송을 진행해보면 입주민들은 하자와 관련하여 입주 당시부터 답답함을 많이 호소한다. 하자보수와 관련하여 시행사 및 시공사(건설사)와 원활하지 않은 소통문제, 해당 부분이 과연 하자인지 아닌지 여부의 궁금증, 보수를 하였지만 또다시 문제가 발생할 가능성은 없는지에 대한 불안감 등이 해결되지 않는 것이다.

결국 입주자대표회의를 통해 하자소송을 진행하기로 하였어도 낯선 용어와 절차들로 또다시 고민에 빠지기도 한다. '채권양도를 하라고 하는데 내 권리를 이렇게 양도해줘도 되는지, 후일 문제가 발생하지는 않을지', '내 집의 하자 부분만 보수하면 되는데 굳이 번거롭게 소송을 진행해야 하는지', '시행사 및 시공사에서는 합의를 하자고 하는데 질질 끌지 말고 합의를 보는 편이 낫지는 않을지' 등 말이다.

아파트 하자소송은 집단소송으로 이루어진다. 한 세대가 자기 집의 하자를 보수받거나 혹은 손해배상을 받기 위해 시행사와 시공사를 상대로 소송하기란 쉽지 않다. 결국 아파트 단지의 중의를 모아 대부분의 세대가 참여하고 위 권한을 위임받은 입주자대표회의가 원고가 되어 시행사와 시공사를 대상으로 집단소송을 한다.

이 과정에서 입주민들은 생활이 바쁘고 법적인 용어와 절차가 낯설기에 소송 자체에 무관심해지거나 종종 결과적으로 좋지 않은 선택을 하게 되기도 한다.

이 책의 후반부인 아파트 하자소송의 쟁점부에서는 아파트 현장에서 입주민들의 위와 같은 고민을 접한 경험을 바탕으로 작성되었다. 입주민들이 많이 하는 질문, 소송을 하면서 주의하여야 하는 부분, 소송에서 첨예하게 다투는 구체적인 하자 사례 등. 한국아파트신문에 2023년과 2024년, 약 1년간 23가지의 주제를 가지고 컬럼을 쓴 내용과 인터뷰를 책으로 엮게 되었다.

모쪼록 이 책을 통해 사람들이 아파트 하자에 관하여 보다 관심을 가지고 하자문제를 원만히 해결하는 데 도움이 되었으면 하는 바람이다.

법무법인 해강 변호사

이정은

차 례

아파트 하자소송의 이론

아파트 하자소송의 쟁점

아파트 하자소송의 이론

1장 하자소송의 적용법률

1. 개관

아파트 등 집합건물의 하자소송에 적용되는 법률은 집합건물의
소유 및 관리에 관한 법률(이하 '집합건물법'이라 한다), 민법, 주택법(공
동주택관리법)이 있다.

건설산업기본법의 일부 조항도 적용의 여지가 있다.

아파트의 하자소송에는 주택법과 집합건물법이 중첩적으로 적용
되고, 공동주택이 아닌 집합건물(오피스텔, 상가 등)의 하자소송에는
집합건물법만 적용된다.

집합건물법은 집합건물을 규율하는 기본법이다.

집합건물이란 건물 구조상 일부분이 다른 부분과 완전하게 독립
되어 있어 각각 소유권의 객체가 될 수 있는 건물을 지칭한다. 따라

서 하나의 건물에 여러 개의 소유권이 존재하게 되므로 이들의 이해를 조절하는 특별한 규율이 필요하게 된다. 아파트가 대표적인 집합건물이며, 오피스텔, 상가건물, 주상복합 등이 집합건물에 해당된다.

공동주택이란 건축법상의 건물의 용도에 따른 개념으로서 아파트(주택 부분이 5개 층 이상), 연립주택(주택의 연면적 660제곱미터 초과하고 주택 부분이 4개 층 이하), 다세대 주택(주택의 연면적 660제곱미터 이하이고 주택 부분이 4개 층 이하), 기숙사 등으로 구분된다.

하나의 건물에 여러 세대가 같이 살 수 있는 건물 중에 다세대 주택과 다가구 주택이 있는데, 다세대 주택은 세대별로 소유권이 존재하므로 집합건물이나, 다가구 주택은 세대별로 소유권이 존재하지 않고 건물 전체에 하나의 소유권만 있기 때문에 단독주택이지 집합건물이 아니다.

집합건물에는 필수적으로 여러 구분소유자들이 공동으로 사용하여야 하는 공용부분이 존재한다.

이러한 공용부분의 소유와 관리, 재건축 등 집합건물의 처분, 변경 등을 주로 규율하기 위하여 집합건물법이 존재하는 것인데, 집합건물법에서 분양자의 하자담보책임을 규정하고 있다.

주택법은 주로 아파트 건설의 촉진과 아파트 공급질서를 규율하기 위하여 제정된 주택건설촉진법이 명칭 변경된 것인데 이 법률에 공동주택의 하자담보책임 등 주택관리에 관하여 규정하였다. 2016. 8. 12.부터 공동주택관리법이 제정, 시행되어 공동주택의 관리에 관한 규율을 주택법에서 분리하였고, 하자담보책임에 관한 규정은 공동주택관리법에 규정되어 있다(이하 공동주택관리법을 포함하여 주택법이라고 한다).

주택법에서는 집합건물법에 규정이 없는 입주자대표회의의 하자 관련 권한, 시공자의 하자보수보증금 납부의무(보증인제도) 등을 규정하고 있다.

건설산업기본법에는 수급인의 도급인에 대한 하자담보책임이 규정되어 있다.

조합주택은 시행자가 주택조합이기 때문에 주택을 분양받은 조합원들은 원칙적으로 시행자인 주택조합에 하자담보책임을 추궁하여야 하나 주택조합은 자력이 없고 이미 해산하였기 때문에 주택건설공사의 도급인인 주택조합이 수급인인 시공자에 대하여 가지는 하자담보책임을 대위행사 하여야 하고 그 외에도 시행자의 시공자에 대한 하자담보책임을 대위행사하여야 하는 경우가 있는데 이러한 대위행사의 경우는 건설산업기본법이 적용되는바, 건설산업기본법에도 하자담보책임에 관하여 규정하고 있다.

민법은 민사법률관계의 기본법으로 집합건물법에서 분양자의 하자담보책임에 관하여 민법의 수급인의 도급인에 대한 하자담보책임 규정을 준용하고 있어 직접 적용된다.

공동주택의 경우 집합건물법의 적용대상임과 동시에 주택법의 적용대상이고, 집합건물법 제2조의 2는 '집합주택의 관리 방법과 기준, 하자담보책임에 관한「주택법」및「공동주택관리법」의 특별한 규정은 이 법에 저촉되어 구분소유자의 기본적인 권리를 해치지 아니하는 범위에서 효력이 있다'고 규정하고 있다.

과거 주택법과 집합건물법이 중첩적으로 적용되는 관계로 인하여 다소 혼란이 있었으나 2013. 6. 19. 이후 분양된 아파트에 적용되는 집합건물법은 직접 하자담보책임기간을 공종별 제척기간으로 규정하는 것으로 바뀌고, 이후 공동주택관리법을 제정하여 하자보수에 대한 부분을 공동주택관리법에서 규율하고 주택법에서 하자처리 부분을 삭제하는 방법으로 법제를 정비해가고 있다.

2. 현행 법률

(1) 집합건물법

2012. 12. 18. 법률 제11555호로 개정되어 2013. 6. 19. 이후 분양된 아파트에 적용되는 집합건물법은 제2조의2 및 제9조의2를 신설하여 과거 주택법에서 공종별로 1, 2, 3, 4, 5, 10년의 하자담보책임 기간을 구분하던 것을 재분류하여 2, 3, 5, 10년으로 정리하고 집합건물법에서 직접 공종별 하자담보책임 기간을 제척기간으로 규정하였다.

한편 집합건물법 제9조를 개정하여 분양자뿐 아니라 시공자도 분양자에게 회생절차개시 신청, 파산 신청, 해산, 무자력(無資力) 또는 그 밖에 이에 준하는 사유가 있는 경우에는 직접 수분양자에 대한 하자담보책임을 지도록 규정하였다. 다만 시공자가 이미 분양자에게 손해배상을 한 경우에는 그 범위에서 구분소유자에 대한 책임을 면(免)하도록 하였다.

즉 현행집합건물법은 공종별로 2, 3, 5, 10년의 담보책임기간을 두어 동 기간 동안에 권리를 행사하지 않으면 권리가 소멸되는 제척기간을 규정하여 권리관계의 조속한 종결을 도모하고 또 분양자(시행사)에게 무자력 등의 사유가 있는 경우에 분양자뿐만 아니라 시공사도 직접 담보책임을 지도록 규정하여 수분양자들을 두텁게 보호하는 방향으로 법이 개정되었다.

2013. 6. 19. '분양된'에 대한 개념 해석에 대해서는 문언 그대로 분양계약 체결일로 보는 견해가 지배적이다. 다만 분양계약 체결일이 구분소유자별로 2013. 6. 19. 전후로 나뉘는 경우는 하급심 판례는 '최초 분양이 이루어진 시기' 기준의 법을 일률적으로 적용하는

것이 타당하다고 판시하였다.

　　판례(광주지방법원 2019. 1. 31. 선고 2017가합52967 판결)

나) 이 사건 아파트에 적용되는 법령
　(1) 개정 집합건물법은 '분양'의 의미에 관하여 별도의 규정을 두고 있
　　　 지 아니하나, 아래와 같은 사정들에 비추어 보면, 이는 '분양계약
　　　 체결 시'로 해석함이 상당하고, 위 부칙 제3조의 '건물'은 개개의
　　　 구분건물이 아닌 집합건물 전체를 의미하므로 건물이 분양되었는
　　　 지 여부는 각 세대별로 판단하는 것이 아니라 집합건물 전체를 기
　　　 준으로 판단함이 상당하다.
　　(가) 구조상으로 구분하여 독립된 건물로 사용될 수 있도록 한 1동
　　　　 의 건물이 집합건물이 되기 위해서는 당해 건물 소유자의 구
　　　　 분소유 의사가 외부적으로 객관적으로 표시되어야 하고, 이때
　　　　 부터 집합건물법이 적용된다.
　　(나) '분양'의 사전적 의미는 '토지나 건물 따위를 나누어서 팖'이고,
　　　　 집합건물법 제1조는 1동의 건물 중 구조상 구분된 여러 개의
　　　　 건물을 구조상으로 구분하여 독립된 건물로 사용될 수 있도록
　　　　 나눈 후 각 구분된 부분을 파는 것을 의미한다.
　　(다) 집합건물의 구분소유권 양도는 집합건물 성립 및 그 구분소유
　　　　 권 양도 약정, 구분소유권 이전등기의 절차를 거쳐서 이루어지
　　　　 는데, 건축되기 전인 집합건물에 대하여는 건축주가 분양계약,
　　　　 공고 등의 방법으로 외부적으로 당해 건물을 나누어서 각 부
　　　　 분의 소유권을 매도하겠다는 의사를 표시함으로써 집합건물이
　　　　 성립한다.
　　(라) 이 사건 아파트는 주택법상 공동주택에 해당하고, 공동주택에
　　　　 대하여는 입주자 모집공고와 이에 따른 구분소유자들의 분양
　　　　 계약 체결을 통하여 집합건물을 성립시키는 구분소유 의사 및
　　　　 구분소유권 양도 의사가 외부적으로 표시된다.
　　(마) 한편 개정 집합건물법상 '건물'이라는 용어와는 별개로 '구분소
　　　　 유의 대상이 되는, 집합건물을 이루는 건물 부분'에 대해서는
　　　　 '건물부분'이라는 용어가 사용[구분소유권의 대상이 되는 구분

건물을 표시할 때는 '건물부분'으로 표시하고, 1동 건물 전체를
지칭할 때는 '건물'로 표시한다(제1조, 제1조의2, 제2조, 제23
조, 제23조의2 등)]되고 있으므로 개정 집합건물법 부칙 제3
조의 '건물'은 구분건물들의 집합체인 집합건물을 의미한다고
보아야 하는 점, 위 부칙 제3조 '건물'을 각각의 구분건물(개별
세대)로 해석하게 되면 분양이 이루어진 시기에 따라 하나의
집합건물 내에 구 집합건물법이 적용되는 세대와 개정 집합건
물법이 적용되는 세대가 혼재하게 되어 통일적 법령 적용이
어려워지는 문제가 발생할 수 있는 점 등을 종합하면, 개정 집
합건물법 부칙 제3조의 '건물'은 개개의 구분건물(개별 세대)이
아닌 집합건물 전체로 해석함이 타당하다.

다) 제척기간 도과 여부에 관한 판단

갑 제6호증의 기재 및 변론 전체의 취지를 종합하면, 이 사건 아파트
는 2012. 9. 19.경 분양되기 시작한 사실을 알 수 있으므로, 이 사건
아파트는 개정 집합건물법 시행 전에 '분양된 건물'로서 구 집합건물법
이 적용된다.

그러므로 이 사건 하자 중 사용승인 전에 발생한 하자나 오시공·미
시공 등의 하자에 관한 하자보수청구권의 제척기간은 구 집합건물법
제9조, 민법 제667조 내지 제671조에 따라 이 사건 아파트의 사용승
인일인 2014. 4. 22.부터 10년이고, 이 사건 하자 중 사용승인 이후에
발생한 하자는 구 주택법 제46조 제1항에 따라 하자 내용별로 이 사건
아파트의 사용승인일로부터 1년 내지 10년의 각 담보책임기간 내에 발
생하였을 것이 요구되는데, 그에 대한 하자보수청구권의 제척기간 역
시 위 사용승인일로부터 10년이라고 할 것이다.

(2) 주택법

타법개정(집합건물법 개정)으로 개정된 주택법 제46조 제1항은 종
전에 "민법 제667조 내지 제671조의 규정을 준용하도록 한 집합건
물법 제9조의 규정에 불구하고"라는 부분을 삭제하고 담보책임 기
산일을 전유부분에 관하여는 인도일, 공용부분에 관하여는 사용검

사일 또는 사용승인일로 변경하여 집합건물법 제9조의 2와 통일하
였다.

한편 2016. 8. 11. 이전에 사용승인을 받은 아파트라 하더라도
2016. 8. 11.부터는 구 주택법에서 규율하던 하자보수청구 및 하자
보수보증에 대한 부분을 공동주택관리법이 신설되면서 공동주택관
리법에서 규율하게 되었다.

(3) 공동주택관리법

종전에는 공동주택의 하자처리에 대한 부분을 주택법 및 동법 시
행령에서 규정하고 있었으나, 공동주택의 관리를 더 체계적·효율적
으로 지원하기 위하여 주택법의 내용 중 공동주택 관리와 관련된
내용만을 분리하여 2015. 8. 11. 공동주택관리법을 제정하여 2016.
8. 12.부터 시행하였다.

공동주택관리법 제37조 제1항에서 담보책임기간은 하자 발생기간
이라고 규정하고 있으나 주택법에서는 단순히 하자발생기간이었던
반면 공동주택관리법은 제38조 제1항에서 담보책임기간 내에 사업
주체에게 하자보수를 청구하여야 한다고 규정하고, 제39조 제1항에
서 사업주체는 입주자대표회의에게 담보책임기간 내에 하자보수를
신청하지 않으면 하자보수청구 권리가 없어진다는 사실을 함께 알
려야 한다고 규정하는 등 발생기간뿐 아니라 권리행사기간으로 담
보책임기간을 규정하고 있어 종전 개정된 집합건물법에서 규정하고
있는 제척기간과 담보책임기간을 일치시켰다.

.

2장 하자처리 주체

1. 하자보수를 청구할 수 있는 자 : 입주자, 입주자 대표회의, 관리주체

구 주택법 및 공동주택관리법에서는 보수청구권자를 집합건물법 상 하자담보추급권자보다 포괄적으로 규정하여 하자보수청구를 효율적으로 할 수 있도록 꾀하였다.

하지만, 집합건물법 제9조에 따른 하자보수에 갈음하는 손해배상 청구권은 특별한 사정이 없는 한 집합건물의 현재의 구분소유자에게 귀속하는 것으로 입주자대표회의나 관리주체, 관리단은 구분소유자들에게서 그 권리를 양수하였다는 등의 특별한 사정이 없는 한 하자보수에 갈음하는 손해배상청구권(하자담보추급권)은 행사할 수 없다(대법원 2004. 12. 9. 선고 2004다37461 판결 등).

법령	집합건물법	구주택법	공동주택관리법
권리주체	구분소유자	입주자	
		입주자대표회의	
		관리주체	
		관리단	

2. 하자소송을 제기할 수 있는 자

(1) 소유자

1) 하자소송을 제기할 수 있는 자는 아파트 등 집합건물의 소유자이다

집합건물의 구분소유자가 하자보수에 갈음하는 손해배상청구소송을 할 수 있다.

손해배상청구소송은 근거가 건물에 하자가 있으므로 인하여 손해가 발생하였다는 것이고, 그 손해의 내용은 건물의 가격하락(교환가치의 하락)으로 인한 손해인 것이므로, 소유권을 취득하지 않은 자는 손해배상청구권을 갖지 못하는 것이다.

분양전환 전의 임차인 또는 임차인대표회의는 임대사업자에게 하자보수에 갈음하는 손해배상을 청구할 수는 없다.

집합건물이 양도된 경우 하자담보추급권이 당초의 수분양자에게 있는지, 집합건물의 현소유자에게 있는지가 문제이나, 판례는 현소유자에게 있다고 한다.

판례(대법원 2003. 2. 11. 선고 2001다47733 판결)

"집합건물법 제9조는 건축업자 내지 분양자로 하여금 견고한 건물을 짓
도록 유도하고 부실하게 건축된 집합건물의 소유자를 두텁게 보호하기 위
하여 집합건물의 분양자의 담보책임에 관하여 민법상의 도급인의 담보책임
에 관한 규정을 준용하도록 함으로써 분양자의 담보책임의 내용을 명확히
하는 한편 이를 강행규정화한 것으로서, 이는 분양자가 부담하는 책임의
내용이 민법상의 수급인의 담보책임이라는 것이지 그 책임이 분양계약에
기한 책임이라는 것은 아니므로, 집합건물법 제9조의 담보책임에 따른 권
리가 반드시 분양계약을 직접 체결한 수분양자에게 속한다고 할 것은 아니
고, 오히려 집합건물법이 집합건물의 구분소유관계와 그 관리에 관한 법률
관계를 규율하는 법으로서 집합건물의 구분소유 및 관리에 관한 권리·의
무는 구분소유자에게 귀속하는 것을 전제로 하여 규정되어 있는 점, 집합
건물의 하자보수에 관한 행위는 집합건물의 보존행위에 해당하므로 구분소
유자가 당연히 보존행위의 일환으로 하자보수청구를 할 수 있어야 한다는
점, 집합건물법 제25조가 관리인으로 하여금 공용부분의 보존을 위한 행위
를 할 수 있도록 하고 있어 관리인이 공용부분의 보존을 위한 행위로서 분
양자에게 하자보수 요구 등 담보책임을 추급할 경우 구체적인 하자담보추
급권의 내용은 집합건물법 제9조에 의하여 정하여지게 될 것인바, 집합건
물의 구분소유자가 할 수 있는 전유부분의 보존을 위한 행위에도 마찬가지
로 하자담보추급권의 행사가 포함된다고 보아야 하고 그 내용은 역시 집합
건물법 제9조에 의하여 정하여지게 될 것이라는 점 등에 비추어 보면, 집
합건물법 제9조에 의한 하자담보추급권은 집합건물의 수분양자가 집합건
물을 양도한 경우 양도 당시 양도인이 이를 행사하기 위하여 유보하였다는
등의 특별한 사정이 없는 한 현재의 집합건물의 구분소유자에게 귀속한다
고 보아야 할 것이다(이러한 해석이 집합건물에 관한 수분양권 또는 소유
권이 양도된 경우 일반적으로 양수인이 하자담보추급권을 가지고 있다고
여기는 거래 관행 및 거래 현실에도 부합한다)."

그러나 집합건물의 소유자는 다수이고 다함께 소송에 나서기 때
문에 소유자 개개인이 원고가 되어 소송을 제기하지는 않고 입주자
대표회의 등에게 채권을 양도하여 입주자대표회의 등이 소송의 주

체로 나선다.

구분소유자가 채권을 양도한 후에 아파트를 매도하였을 때에도 위 판례의 취지에 따라 매수인이 손해배상청구권을 가진다고 해석된다.

2) 콘도미니엄의 소유자

콘도미니엄은 1년 중 일정기간 동안 이를 사용하는 것이 예정된 것이어서 소유권이라기 보다는 이용권이라고 인식된다.

그런데 콘도미니엄에는 회원제와 공유제가 있다.

공유제인 경우 콘도미니엄 이용권은 공유자로서의 소유권지분이므로 소유자로서 하자담보추급권이 있다고 보아야 할 것인지가 문제된다.

관광진흥법 제2조는 "회원"이란 관광사업의 시설을 일반이용자보다 우선적으로 이용하거나 유리한 조건으로 이용하기로 해당관광사업자와 약정한 자(제4호)로, "공유자"란 단독 소유나 공유의 형식으로 관광사업의 일부 시설을 관광사업자로부터 분양받은 자(제5호)로 정의하고 있고, 제20조는 관광숙박업이니 관광객이용시설업의 분양이나 회원모집을 규정하면서 휴양콘도미니엄에 한하여 회원모집 외에 "분양"을 하는 것을 허용하고 있다(제1항).

위 법률규정을 보면 휴양콘도미니엄의 경우 소유권을 분양받는 "공유자"와 이용권을 취득하는 "회원"이라는 성질이 다른 두 가지 제도가 병행하고 있음을 알 수 있다.

따라서 회원제 콘도미니엄의 회원권을 취득한 자는 소유권자가 아니므로 임차인이 하자담보추급권을 갖지 못하듯이 하자담보추급권이 없다고 보아야 할 것이나, 공유제 콘도미니엄의 공유지분을 취득한 자들은 소유권자들이고 이들은 하자보수에 갈음하는 손해배상 소송을 제기할 수 있다고 보아야 할 것이다.

3) 임대주택에서 분양전환된 아파트

임대주택에서 분양전환된 아파트의 경우에 이미 건물을 상당기간 사용하던 자가 하자가 있는 상태로 평가하여 매수하였다는 점, 손해배상청구권의 근거가 집합건물의소유및관리에관한법률(이하 집합건물법이라 합니다) 제9조라 할 것인데, 집합건물법 제9조는 분양자가 계약내용에 부합하는 하자 없는 건물을 신축하여 분양할 것이라는 기대를 가지고 있는 수분양자를 보호하고자 하는 것이어서 이미 완성되어 사용되는 건물을 분양하는 경우에는 적용될 수 없다는 점 등을 근거로 들면서 하자보수나 하자보수에 갈음하는 손해배상청구권이 없다고 주장하는 견해가 있다.

그러나 위 법조의 취지는 집합건물을 건축하여 분양하는 자로 하여금 하자 없는 건물을 짓도록 유도하고 부실하게 건축된 집합건물을 분양받은 자를 두텁게 보호하기 위하여 수급인의 담보책임규정을 준용하는 것으로서, 규정형식이 집합건물이 완성되기 전에 분양된 것인지 완성된 후에 분양된 것인지를 구별하지 않고 있으며, 또위 규정에 의한 하자담보추급권은 현재의 소유자에게 귀속된다고 해석되는 점 등에 비추어 보면 분양전환된 임대아파트의 경우에도 적용된다고 보아야 할 것이다.

최근에 판례도 이를 인정하고 있다.

판례(대법원 2012. 5. 10. 선고 2011다66610 판결)

"나. 구 집합건물법 제9조 제1항은, 집합건물을 건축하여 분양한 자로 하여금 견고한 건물을 짓도록 유도하고 부실하게 건축된 집합건물의 소유자를 두텁게 보호하기 위하여, 민법상 수급인의 담보책임에 관한 규정을 준용하도록 함으로써 그 담보책임의 내용을 명확히 하는 한편 이를 강행규정화한 것인데, 집합건물을 건축하여 바로 분양한 경우뿐 아니라 집합건물인 임대아파트를 건축하여 임대하였다가 분양전환을 한 경우에도 집합건물의 소유자를 보호할 필요성이 있음은 마찬가지다.

그리고 위 규정에 의한 하자담보추급권은 현재의 집합건물 소유자에게 귀속되고, 임대아파트의 분양전환가격을 결정할 때에 아파트의 노후 정도가 평가되었다고 하더라도 부실시공으로 인한 아파트의 하자까지 모두 반영되어 그 가격이 결정되었다고 단정할 수는 없으며, 분양전환되기 전의 임차기간 동안 입주자들이 임대차계약에 기해 하자보수를 요구할 수 있다고는 하지만 임차인의 지위에서 인정되는 하자보수청구권과 분양을 받은 소유자의 지위에서 인정되는 하자담보추급권은 그 법적 성질 및 기능이 동일하다고 보기는 어렵다.

따라서 이러한 여러 사정 등을 함께 종합하여 보면, 2005. 5. 26. 전에 사용검사 또는 사용승인을 받은 후 임대에서 분양으로 전환된 임대아파트의 경우에도 구 집합건물법 제9조 제1항 및 이에 의하여 준용되는 민법 제671조 제1항 단서가 적용된다고 봄이 상당하다.”

다만 2013. 6. 19. 이후에 임대 후 분양전환된 아파트의 경우는 집합건물법 부칙 3조를 그대로 적용한다면 구분소유권 취득 당시 이미 분양전환 이전에 담보책임기간은 집합건물법 제9조의2에 의해 전유부분은 인도일로부터, 공용부분은 사용검사일로부터 기산하는데 사용검사일로부터 5년 후에 분양전환되었다면 이미 분양을 받아 구분소유권을 취득한 시점에는 2, 3, 5년차 하자담보추급권은 제척기간이 경과되어 행사할 수 없게 되는데, 사용검사 전의 하자의 제척기간이 5년이므로 공용부분에 관하여서는 대부분의 하자가 제척기간이 경과되어 손해배상청구를 할 수 없다는 결론이 된다.

이와 같은 개정 집합건물법 부칙 제3조의 ‘분양된’은 임대 후 분양전환 아파트의 특수성을 고려하지 않은 입법의 공백으로 이를 구제하기 위한 입법이나 새로운 이론이 필요해 보인다.

(2) 소유자단체 또는 관리기구

1) 입주자대표회의

주택법은 공동주택의 입주자(소유자)들이 입주자대표회의를 구성하도록 하여 입주자대표회의에 하자보수청구에 관한 일정한 권한을 부여하고 있다.

(가) 하자보수보증금 청구소송

시공자의 하자보수보증금 납부의무를 대신하기 위하여 이를 보증한 보증보험회사(대한주택보증, 건설공제조합, 서울보증보험 등)를 상대로 보증보험 증권상의 채권자인 입주자대표회의가 하자보수 보증금을 청구하는 소송이다. 주택법상 시공자는 사용승인 신청 시 하자보수 보증금을 현금 또는 이행보증증권으로 사용승인권자 앞으로 예치하고 사용승인권자는 입주자대표회의가 구성될 경우 현금 또는 이행보증증권의 예치명의를 입주자대표회의로 변경하도록 하고 있다.

하자보수 보증금을 현금으로 납부하는 경우는 거의 없고, 입주자대표회의를 피보험자로 하는 은행의 지급보증서, 입주자대표회의 또는 그 위임을 받은 자를 피보험자로 하는 이행보증보험증권, 건설공제조합이 발행하는 보증서, 주택도시보증공사(구 대한주택보증 주식회사)가 발행하는 보증서로 갈음하고 있다.

다만 보증금(보증서)으로써 보증하는 하자는 사용검사 전 하자(미시공, 변경시공)는 포함되지 않고 사용검사 후의 하자(공사상의 잘못으로 발생한 처짐, 뒤틀림 등)만 해당한다.

그러므로 입주자대표회의는 자신의 독자적인 권한으로 보증사에 대하여 사용검사 후 하자에 관한 하자보수에 갈음하는 손해배상을 청구할 수 있다.

(나) 손해배상청구소송

주택법은 입주자대표회의가 사업주체에게 하자보수를 청구할 수 있고, 사업주체가 하자보수 의무를 이행하지 않을 경우 하자보수 보증금을 수령하여 직접 하자보수를 할 수 있도록 하고 있으나, 사업주체에게 하자보수에 갈음하거나 하자보수와 병행하는 손해배상 청구를 할 수 있는 권리는 구분소유자의 재산권으로서 구분소유자에게 전속하는 것이고 입주자대표회의는 이를 행사할 수 없다.

따라서 하자보수에 갈음하는 손해배상청구는 각 구분소유자들이 사업주체 등을 상대로 직접하여야 하는 것이나, 각 구분소유자들이 개별적으로 소송을 하는 것은 현실적으로 불가능하므로 현재는 대부분의 경우 소유자들이 입주자대표회의에 하자로 인한 손해배상청구권을 양도하여 입주자대표회의가 소송을 수행하는 방식을 취하고 있다.

즉 입주자대표회의가 위 1항의 소송과 함께 구분소유자들로부터 채권양도를 받아 위 2항의 소송을 병합하여 진행하는 방식으로 한다.

입주자대표회의가 하자보수에 갈음하는 손해배상청구소송을 하였다가 소유자들로부터 채권양도를 받은 후 양수금 청구소송으로 소를 변경한 경우, 소가 변경된 시점에 제소가 이루어진 것이므로 이를 기준으로 제척기간 준수 여부를 따져야 한다는 것이 판례이다.

신탁법은 소송행위를 주된 목적으로 하는 신탁(재산권 이전)을 금하고 있고, 판례는 소송행위를 주목적으로 하는 채권양도는 신탁법의 규정에 위배되어 무효라고 하고 있으나, 구분 소유자가 입주자대표회의에게 손해배상채권을 양도하여 소송을 하는 것은 무효가 아니라고 하고 있다.

판례(위 대법원 2006. 10. 26. 선고 2004다17993,
18002,18019 판결)

소송행위를 하게 하는 것을 주목적으로 채권양도 등이 이루어진 경우 그 채권양도가 신탁법상의 신탁에 해당하지 않는다고 하여도 신탁법 제7조가 유추적용되므로 무효라고 할 것이고, 소송행위를 하게 하는 것이 주목적인지의 여부는 채권양도계약이 체결된 경위와 방식, 양도계약이 이루어진 후 제소에 이르기까지의 시간적 간격, 양도인과 양수인 간의 신분관계 등 제반 상황에 비추어 판단하여야 할 것이다(대법원 2002. 12. 6. 선고 2000다4210 판결 등 참조).

원심은, 그 채용 증거를 종합하여 그 판시와 같은 사실을 인정한 후, 이 사건에 나타난 하자보수에 갈음한 손해배상채권의 양도 경위·방식·시기 및 양도인인 구분소유자들과 양수인인 원고의 관계 등 제반 사정을 종합하여 보면, 구분소유자들의 손해배상채권 양도는 소송행위를 하게 하는 것이 주목적이라고 볼 수 없다고 판단하였다.

원심판결 이유를 기록에 비추어 살펴보면, 원심의 위와 같은 사실인정과 판단은 정당한 것으로 수긍할 수 있고, 거기에 상고이유에서 주장하는 바와 같은 이유불비와 소송신탁의 법리를 오해한 위법이 있다고 할 수 없다.

다만 위와 같은 채권양도절차는 입주자들이 가지고 있는 손해배상채권을 대가 없이 입주자대표회의에 양도하는 것이므로 실질적으로 입주자대표회의에게 귀속되었다고 할 수 없고 추후 피고 측으로부터 판결금을 받게 될 경우 그 판결금의 처분권한까지 입주자대표회의에 양도하는 것은 아니라 할 것이다.

실제로 하자보수에 갈음하는 손해배상청구소송을 통해 판결금을 수령한 대부분의 아파트는 전유부분에 대한 판결금은 각 세대별로 소유자에게 지급하고, 공용부분에 대한 판결금은 아파트 관리규약에 따라 공용부분의 하자보수공사비로 사용하고 있다.

만약, 입주민들이 각자 갖고 있는 '하자보수에 갈음하는 손해배상

금을 달라'는 내용의 손해배상청구권을 입주자대표회의에 '채권양도'
를 하지 않을 경우에는 입주자대표회의가 제기한 하자보수금 청구
소송은 양도하지 않은 세대의 비율 만큼에 대해서는 패소할 수밖에
없게 되므로 아파트로서는 채권양도가 100% 가까이 이루어질 수 있
도록 만전을 기하여야 한다.

* 채권양도증서에 서명 또는 날인은 반드시 각 구분소유자(등기부
  상)가 하여야 하며(임차인은 서명 또는 날인할 수 없음), 공유자인
  경우에는 공유자 전원이 서명 또는 날인을 하여야 한다.
* 채권양도증서 제출시에는 채권양도증서에 소유자가 직접 서명,
  날인하였음을 입증하기 위하여 소유자(양도인)의 신분증(주민등
  록증 또는 운전면허증, 여권 등) 사본 1통을 제출하여 채권양도의
  진정성을 입증하여야 한다.

판례(대법원 2003. 6. 24. 선고 2003다17774 판결)

주택건설촉진법 제38조, 공동주택관리령 제10조의 규정에 따라 성립된
입주자대표회의는 공동주택의 관리에 관한 사항을 결정하여 시행하는 등의
관리권한만을 가질 뿐으로 구분소유자에게 고유하게 귀속하는 위와 같은
권리를 재판상 행사할 수 없고, 또 집합건물의소유및관리에관한법률 부칙
제6조에 따라서 집합주택의 관리방법과 기준에 관한 주택건설촉진법의 특
별한 규정은 그것이 위 법률에 저촉하여 구분소유자의 기본적인 권리를 해
하면 효력이 없으므로 공동주택관리규약에서 입주자대표회의가 공동주택
의 구분소유자를 대리하여 공용부분 등의 구분소유권에 기초한 방해배제청
구 등의 권리를 행사할 수 있다고 규정하고 있다고 하더라도 이러한 규약
내용은 효력이 없다.

판례(대법원 2006. 8. 24. 선고 2004다20807 판결)

집합건물의 소유 및 관리에 관한 법률 제9조에 의한 하자담보추급권은 특별한 사정이 없는 한 집합건물 구분소유자에게 귀속하고, 구 주택건설촉진법(2003. 5. 29. 법률 제6916호 주택법으로 전문 개정되기 전의 것) 소정의 입주자대표회의로서는 사업주체에 대하여 하자보수를 청구할 수 있을 뿐 하자보수추급권을 가진다고 할 수는 없다(대법원 2003. 2. 11. 선고 2001다47733 판결, 2004. 1. 27. 선고 2001다24891 판결 등 참조).

입주자대표회의가 하자보수에 갈음하는 손해배상청구소송을 하였다가 소유자들로부터 채권양도를 받은 후 양수금 청구소송으로 소를 변경한 경우, 소가 변경된 시점에 제소가 이루어진 것이므로 이를 기준으로 제척기간 준수 여부를 따져야 한다.

판례(대법원 2012. 4. 12. 선고 2010다65399 판결)

"구 집합건물의 소유 및 관리에 관한 법률(2003. 7. 18. 법률 제6925호로 개정되기 전의 것, 이하 '구 집합건물법'이라 한다) 제9조에 의하여 준용되는 민법 제667조 내지 제671조에 규정된 하자담보책임기간은 재판상 또는 재판 외의 권리행사기간인 제척기간이므로 그 기간의 도과로 하자담보추급권은 당연히 소멸한다(대법원 2004. 1. 27. 선고 2001다24891 판결, 대법원 2009. 5. 28. 선고 2008다86232 판결 등 참조).
한편 채권양도의 통지는 그 양도인이 채권이 양도되었다는 사실을 채무자에게 알리는 것에 그치는 행위이므로, 그것만으로 제척기간의 준수에 필요한 권리의 재판외 행사에 해당한다고 할 수 없다(대법원 2012. 3. 22. 선고 2010다28840 전원합의체 판결 참조).
따라서 집합건물인 아파트의 입주자대표회의가 스스로 하자담보추급에 의한 손해배상청구권을 가짐을 전제로 하여 직접 아파트의 분양자를 상대로 손해배상청구소송을 제기하였다가, 그 소송 계속 중에 정당한 권리자인 구분소유자들로부터 그 손해배상채권을 양도받고 분양자에게 그 통지가 마쳐진 후 그에 따라 소를 변경한 경우에는, 그 채권양도통지에 채권양도의

사실을 알리는 것 외에 그 이행을 청구하는 뜻이 별도로 덧붙여지거나 그
밖에 구분소유자들이 재판 외에서 그 권리를 행사하였다는 등의 특별한 사
정이 없는 한, 위 손해배상청구권은 입주자대표회의가 위와 같이 소를 변
경한 시점에 비로소 행사된 것으로 보아야 할 것이다(대법원 2008. 12.
11. 선고 2008다12439 판결 등 참조)."

(3) 집합건물의 관리단

집합건물법은 집합건물에 구분소유권이 성립되면 구분소유자 전
원을 구성원으로 하여 건물과 대지의 관리에 관한 사업을 시행을
목적으로 하는 관리단이 성립한다고 규정하고, 구분소유자가 10인
이상이면 관리단을 대표할 관리인을 선임하여야 한다고 규정하고
있다.

관리단은 비법인사단이라고 보아야 하므로 소송의 주체가 될 수
있다고 할 것이고, 소유자들은 집합건물의 관리단에게 채권양도를
하여 하자소송을 수행할 수 있다고 할 것이다.

다만 관리단이 그 고유의 권한으로 하는 소송(보증금청구권)이 없
다면 구분소유자들이 굳이 관리단에 채권양도를 하지 않고 선정당
사자를 선임하여 소송을 할 수도 있다.

관리단에 채권을 양도하여 관리단이 하자보수에 갈음하는 손해배
상청구소송을 제기할 때 소제기 결의나 법무법인과의 위임계약의
체결 등에 관리단집회의 결의가 필요한지에 관하여 견해가 나뉘어
진다.

필요하다고 보는 입장에서는 관리단의 재산의 처분에 해당한다는
취지이고, 필요하지 않다고 하는 입장에서는 채권양도의 성격이 사
실상 하자처리를 위한 위임계약이기 때문에 동 채권이 실질적으로
관리단의 재산으로 편입된 것이 아니라는 취지이다.

공동주택(아파트)의 경우도 소유자전원으로 구성되는 관리단은 존재하는 것이나, 아파트관리를 위하여 입주자대표회의를 구성하므로 관리인은 따로 선임하지 않는다. 즉 공동주택의 경우 입주자대표회의가 관리인의 역할을 한다고 볼 수 있다.

(4) 집합건물 관리위원회

집합건물의 관리단에는 관리위원회를 설치할 수 있는데, 관리위원회는 관리인의 사무집행을 감독할 권한을 가지나 공동주택의 입주자대표회의와 달리 집합건물의 관리권한을 갖지 않는다.

따라서 관리인은 관리단의 대표이지 관리위원회의 대표는 아니다.

공동주택의 입주자대표회의에 관하여서는 판례는 일찍부터 이를 비법인사단으로 인정하여 소송주체성을 인정하고 있으나, 집합건물의 관리위원회에 대하여서는 비법인사단으로 인정하지 않고 있다.

따라서 오피스텔관리위원회, 상가번영회 등의 명칭으로 활동하는 단체의 경우 그것이 관리단의 성격을 갖는지, 관리위원회의 성격을 갖는지 단순히 친목 단체인지 그 구성방법을 검토하여 판별하여야 할 것이고, 하자소송의 주체가 될 수 있는지도 경우에 따라 달리 판단되어야 한다.

3장 하자소송의 상대방

1. 시행자

하자담보책임을 지는 주체에 관하여 집합건물법은 "건물을 분양
한 자"라고 하고, 주택법은 "사업주체"라고 표현하고 있는데, 이는
일반적으로 시행자를 가리킨다.

따라서 분양자인 시행자는 모든 하자에 대하여 책임이 있고, 손
해배상소송의 상대방이 된다.

분양자인 시행자의 손해배상 책임 범위에 관하여 집합건물법에
서 모두 사용검사 전 하자(분양카타로그, 견본주택 약속위배시공 하자, 하
향변경시공 하자, 준공도면 대비 미오시공 하자) 및 사용검사 후 하자 모
두에 대해 포괄적인 책임을 부담하도록 하고 있으며, 주택법은 사
업주체(건축주, 도급인, 공동주택의 시행자)의 하자보수 의무를 규정하

였고, 공동주택관리법은 협의의 사업주체 또는 건축허가를 받아 분양을 목적으로 하는 공동주택을 건축한 건축주의 하자담보책임과 이들로부터 건설공사를 일괄도급받은 시공자의 하자보수의무를 규정하고 있다.

구 주택법 제46조는 "(담보책임 및 하자보수 등 <개정 2005. 5. 26.>) ① 사업주체(건축법 제8조의 규정에 의하여 건축허가를 받아 분양을 목적으로 하는 공동주택을 건축한 건축주 및 제42조 제2항 제2호의 행위를 한 시공자를 포함한다. 이하 이 조에서 같다)는 건축물 분양에 따른 담보책임에 관하여「민법」제667조 내지 제671조의 규정을 준용하도록 한「집합건물의 소유 및 관리에 관한 법률」제9조의 규정에 불구하고 공동주택의 사용검사일(주택단지 안의 공동주택의 전부에 대하여 임시사용승인을 얻은 경우에는 그 임시사용승인일을 말한다) 또는 「건축법」제18조의 규정에 의한 공동주택의 사용승인일부터 공동주택의 내력구조부별 및 시설공사별로 10년 이내의 범위에서 대통령령이 정하는 담보책임기간 안에 공사상 잘못으로 인한 균열·침하·파손 등 대통령령으로 정하는 하자가 발생한 때에는 공동주택의 입주자 등 대통령령이 정하는 자의 청구에 따라 그 하자를 보수하여야 한다"고 규정하고 있어 사용검사 전과 후의 모든 하자에 관한 시행자의 담보책임은 주택법 제46조가 아니라 집합건물법 제9조의 분양자의 담보책임에 근거한 것으로 이해되었다.

그러나 공동주택관리법 제36조(하자담보책임)는 "① 사업주체(「건축법」제11조에 따른 건축허가를 받아 분양을 목적으로 하는 공동주택을 건축한 건축주 및 제35조 제1항 제2호에 따른 행위와「주택법」제66조 제1항에 따른 리모델링을 수행한 시공자를 포함한다. 이하 이 장에서 같다)는 공동주택의 하자에 대하여 분양에 따른 담보책임(시공자는 수급인의 담보책임을 말한다)을 진다"고 규정하여 사업주체의 담보책임을 분양에 따른 담보책임임을 명시하고 있다.

2. 시공자

(1) 원칙: 책임 부담하지 않음

시공자는 아파트 등을 분양한 자가 아니어서 수분양자와 사이에 직접 계약관계가 없으므로 원칙적으로 수분양자에 대하여 하자담보책임을 지지 않는다.

> 판례(대법원 2011. 12. 8. 선고 2009다25111 판결)
>
> "구 집합건물의 소유 및 관리에 관한 법률(2003. 7. 18. 법률 제6925호로 일부 개정되기 전의 것, 이하 '구 집합건물법'이라 한다) 제9조는 집합건물 '분양자'의 하자담보책임에 관하여 규정하고 있을 뿐이므로, 집합건물의 시공자는 그가 분양계약에도 참여하여 분양대상인 구분건물에 대하여 분양에 따른 소유권이전의무를 부담하는 분양계약의 일방 당사자로 해석된다는 등의 특별한 사정이 없는 한 구 집합건물법 제9조에 의한 하자담보책임을 부담하는 것으로 볼 수 없다(대법원 2009. 1. 30. 선고 2008다12507 판결 참조)."

> 판례(대법원 2009. 1. 30. 선고 2008다12507 판결)
>
> "원심은, 피고 ○○건설은 피고 ○○건설로부터 이 사건 아파트 건축을 도급받은 시공자인바, 주택법 제46조 제1항은 시공자를 포함한 사업주체의 '하자보수의무'만을 규정하고 있고, 같은 조 제3항은 내력구조부에 중대한 하자가 발생한 경우 시공자를 포함한 사업주체의 손해배상의무를 규정하고 있으며, 한편 집합건물법 제9조는 '공동주택을 건축하여 분양한 자'의 하자담보책임에 관하여 규정하고 있을 뿐이므로, 위 각 조항을 근거로 시공자에게도 하자보수에 갈음한 손해배상의무가 있다고 보기는 어렵고, 달리 이를 인정할 근거가 없다"고 판단하였다.

　관계 법령과 기록에 비추어 살펴보면 원심의 위와 같은 인정과 판단은 정당하고, 거기에 주택법 제46조 제1항에 관한 법리오해 등의 위법이 없다.

(2) 시공자가 책임을 지는 경우

1) 채권자대위권

　예외적으로 시공자도 분양자가 무자력이면 채권자대위권의 행사를 통하여 책임을 지게 할 수 있다. 책임을 물을 수 있는 법리 구조는 다음과 같다.

　먼저, 2013. 6. 19. 이전에 시행되던 구 집합건물법은 분양자의 하자담보책임만을 규정하고 있으므로 원칙적으로는 시공자는 하자보수에 갈음하는 손해배상책임을 지지 않는다. 다만 분양자가 무자력인 경우 우리 민법 제404조의 채권자대위소송에 의하여 도급인인 분양자가 수급인인 시공자에게 가지는 하자보수에 갈음하는 손해배상채권(도급계약 및 건설산업기본법에 따른 권리)를 대위행사하여 시공자에게 직접 금전지급을 청구할 수 있다.

　이 경우 피대위채권인 분양자(도급인)가 시공자(수급인)에 대하여 가지는 채권은 상사채권으로서 5년의 소멸시효의 적용을 받으므로 반드시 입주일(사용검사일)로부터 5년 이내에 채권양수도 절차를 모두 마쳐 소송을 제기하지 않으면 상사채권 시효완성으로 인하여 시공자 책임은 소멸하므로 주의를 요한다.

판례(대법원 2011. 12. 8. 선고 2009다25111 판결)

　"건설공사에 관한 도급계약이 상행위에 해당하는 경우 그 도급계약에 기한 수급인의 하자담보책임은 상법 제64조 본문에 의하여 원칙적으로 5년의 소멸시효에 걸리는 것으로 보아야 한다."

2) 개정집합건물법

2013. 6. 19. 이후 분양된 아파트의 경우 개정집합건물법이 적용된다.

개정집합건물법 제9조는 ① 제1조 또는 제1조의2의 건물(집합건물을 지칭)을 건축하여 분양한 자와 분양자와의 계약에 따라 건물을 건축한 자로서 대통령령으로 정하는 자(이하 "시공자"라 한다) 구분소유자에 대하여 담보책임을 진다. 이 경우 그 담보책임에 관하여는 민법 제667조 및 제668조를 준용한다. ② 제1항에도 불구하고 시공자가 분양자에게 부담하는 담보책임에 관하여 다른 법률에 특별한 규정이 있으면 시공자는 그 법률에서 정하는 담보책임의 범위에서 구분소유자에게 제1항의 담보책임을 진다. ③ 제1항 및 제2항에 따른 시공자의 담보책임 중 민법 제667조 제2항에 따른 손해배상책임은 '분양자에게 회생절차개시신청, 파산신청, 해산, 무자력 또는 그 밖에 이에 준하는 사유가 있는 경우만 지며, 시공자가 이미 분양자에게 손해배상을 한 경우에는 그 범위에서 구분소유자에 대한 책임을 면한다'라고 규정하고 있다.

즉 분양자에게 무자력 또는 그에 준하는 사유가 있을 경우에는 시공자가 직접 수분양자 및 구분소유자에 대한 하자보수에 갈음하는 손해배상책임을 지도록 하고 있다

시행사의 무자력을 요건으로 한다는 점에서 채권자대위권과 큰 차이가 없다고 할 수 있으나 시행사가 시공사에게 손해배상을 청구할 때는 부가가치세액은 청구할 수 없기 때문에 채권자대위권을 행사하는 경우 부가가치세 상당의 손해배상을 청구할 수 없으나 시공사의 직접책임의 경우 부가가치세를 공제할 수 없게 되었다는 점, 시행사가 지급한 재료나 시행사의 지시가 부적절 하여 하자가 발생한 경우 채권대위권 행사의 경우 시공사는 면책 주장을 할 수 있으

나 집합건물법에 따른 구분소유자에 대한 책임의 경우 그와 같은
면책주장을 할 수 없다는 점 등에서 구분소유자가 더 두텁게 보호
된다고 할 수 있다.

3) 개정된 공동주택관리법이 적용되는 경우(사용검사 후의 하자)

2017. 4. 18. 개정된 공동주택관리법은 제37조 제1, 2항을 아래와
같이 규정하고 있다.

제37조(하자보수 등) ① 사업주체(「건설산업기본법」 제28조에 따
라 하자담보책임이 있는 자로서 제36조 제1항에 따른 사업주체
로부터 건설공사를 일괄 도급받아 건설공사를 수행한 자가 따로
있는 경우에는 그 자를 말한다. 이하 이 장에서 같다)는 담보책
임기간에 하자가 발생한 경우에는 해당 공동주택의 제1호부터
제4호까지에 해당하는 자(이하 이 장에서 "입주자대표회의등"이
라 한다) 또는 제5호에 해당하는 자의 청구에 따라 그 하자를 보
수하여야 한다. 이 경우 하자보수의 절차 및 종료 등에 필요한
사항은 대통령령으로 정한다. <개정 2017. 4. 18.>
1. 입주자
2. 입주자대표회의
3. 관리주체(하자보수청구 등에 관하여 입주자 또는 입주자대표
   회의를 대행하는 관리주체를 말한다)
4. 「집합건물의 소유 및 관리에 관한 법률」에 따른 관리단
5. 공공임대주택의 임차인 또는 임차인대표회의(이하 "임차인
   등"이라 한다)

② 사업주체는 담보책임기간에 공동주택에 하자가 발생한 경우에
는 하자 발생으로 인한 손해를 배상할 책임이 있다. 이 경우 손
해배상책임에 관하여는 「민법」 제667조를 준용한다. <개정 2017.
4. 18.>

즉 제37조에서 말하는 사업주체 중 36조의 사업주체로부터 건설

공사를 일괄도급받아 건설공사를 수행한 자는 시공자를 말하는 것인데, 시공자는 하자담보책임기간 내에 하자가 발생한 경우에는 입주자 등의 청구에 따라 하자보수를 하여야 할 뿐만 아니라 하자 발생으로 인한 손해를 배상할 책임이 있다고 규정하고 있는 것이다.

다만 문언에 제36조의 "분양자로서의 담보책임"이라는 시행자의 책임과 달리 "하자담보책임기간 내에 하자가 발생한 경우"에는 책임을 진다고 규정하고 있어 사용검사 후의 하자만 책임을 진다는 의미로 해석된다.

과거 시공자는 입주자에 대하여 직접 하자담보책임을 부담하지는 않았으나, 시공자의 사용검사 후의 하자에 대한 보수의 보증으로 하자보수보증금 납부의무가 규정되어 있었고, 시공자는 하자보수보증금을 납부하는 대신에 보증회사의 보증보험증권을 끊어서 제출할 수 있었는데, 입주자나 입주자대표회의가 이 보증사에 대하여 보증금청구소송을 제기하여 승소하면 보증금을 지급한 보증사들은 시공자에 대하여 구상청구를 하였던바, 결국 시공자들은 보증인이 책임지는 한도에서는 하자보수로 인한 손해배상책임을 지는 결과가 되었었다.

현행 공동주택관리법은 위와 같이 사실상 시공사가 책임을 부담하고 있던 사용검사 후의 하자에 대하여 정면으로 시공자의 손해배상책임을 규정한 것이라고 보인다. 그러나 과거부터 보증인이 보증하는 손해배상의 한도액은 통상 사용검사 후의 하자로 인한 손해배상액을 훨씬 상회하고 있었으므로 시공자의 손해배상책임이 새로이 규정되었다 하여도 시공자의 책임이 실질적으로 더 가중된 것은 아니라고 할 것이다.

3. 보증회사

(1) 위 하자보수보증금청구소송에서 본 보증회사를 상대로 한 보증금청구소송을 손해배상소송과 병행하여 할 수 있다

보증회사의 보증은 결국 하자로 인한 손해배상책임을 보증하는 것이므로 같은 성질의 것이라 할 수 있다.

다만 보증인은 손해액이 많더라도 자신이 보증한 한도안에서만 책임을 지며, 또한 사용검사 후의 손해만 보증한다.

따라서 사용검사 전의 하자인지, 사용검사 후의 하자인지의 구별이 중요하다.

일반적으로 미시공, 변경시공이 사용검사 전의 하자에 해당하고, 사용검사 후의 하자는 공사상의 잘못으로 균열, 뒤틀림 등 기능상, 안전상, 미관상 지장을 초래하는 하자가 이에 해당한다.

다만 판례는 미시공, 변경시공이라 하더라도 이로 인한 기능상, 안전상, 미관상의 하자가 사용검사 후에 나타난 경우(방수공사를 하지 않아 누수가 생긴 경우 등) 사용검사 후의 하자에 해당할 수 있고, 공사상의 잘못으로 균열 등 안전상, 기능상 지장을 초래하는 하자라도 그것이 사용검사 전에 이미 발현되었던 경우에는 사용검사 전의 하자로서 보증대상이 되지 않는다고 한다.

보증인으로 하여금 사용검사 후의 하자에 대하여만 책임을 지도록 하는 것은, 수분양자를 보호하기 위하여 시공사로 하여금 보증금을(자력이 튼튼한 보증회사의 보증서) 납부하게 하여 적어도 시공을 부실하게 하여 건물이 제 기능을 다하지 못하는 경우에는 보증금으로 하자보수를 책임지게 하려는 반면, 시행자와 수분양자 사이의 특별한 계약내용(예를 들어 고품질의 내장재 사용)을 시행자가 지키지 않음으로써 건물의 기능에는 지장이 없으나 당사자 사이의 계약불이행이 되는 경우 등은 시행사에게 책임을 묻도록 하려는 취지라고 생각된다.

판례(대법원 2006. 5. 25. 선고 2005다77848 판결)

주택법령에 따른 하자보수보증금 예치의무를 이행하기 위하여, 주택사업공제조합(이하 '조합'이라 한다)과 사이에 아파트 신축공사에 관하여 보증기간을 정하여 하자보수보증계약이 체결되었는데, 그 보증계약의 약관에 "조합은 보증기간 동안 발생한 하자에 대하여 주택법령에서 정한 절차에 따라 그 보수이행청구를 받았음에도 조합원이 이를 이행하지 아니함으로써 입주자대표회의가 입은 손해를 보상한다."고 규정되어 있는 경우에, 보증대상이 되는 하자는 보증기간 동안 즉 사용검사일 익일 이후부터 보증기간 만료일까지 사이에 발생한 하자에 한정되는 것이고 사용검사 이전에 발생한 손해는 보상대상에서 제외되는 것임이 분명하나.

(1) 그 보증대상이 되는 손해는 주택법령에 따라 하자보수를 청구할 수 있는 하자로 인한 손해이어야 할 것이므로, 그 보증대상이 되는 하자는 주택법령에서 규정하고 있는 하자이어야 하고, 한편 위 주택법령에서는 하자보수대상인 시설공사의 구분 및 하자의 범위와 그 하자보수책임기간을 규정하면서, 하자의 범위를 '공사상의 잘못으로 인한 균열·처짐·비틀림·들뜸·침하·파손·붕괴·누수·누출, 작동 또는 기능불량, 부착·접지 또는 결선불량, 고사 및 입상불량 등이 발생하여 건축물 또는 시설물의 기능·미관 또는 안전상의 지장을 초래할 정도의 하자'라고 규정하고 있으므로, 결국 보증대상이 되는 하자는 미시공, 변경시공 그 자체가 아니라, '공사상의 잘못으로 인하여 건축물 또는 시설물 등의 기능상·미관상 또는 안전상 지장을 초래할 수 있는 균열·처짐 등의 현상이 발생한 것'을 의미한다고 보아야 할 것이고, 그 공사상의 잘못이 미시공이나 변경시공이라 할지라도 달리 볼 것은 아니라 할 것이어서, 비록 미시공이나 변경시공으로 인하여 건축물 자체에 위와 같은 균열 등이 발생할 가능성이 내재되어 있었다고 할지라도 그 자체만으로

보증대상이 되는 하자가 사용검사 이전에 발생한 것이라고 볼 것은 아니라 할 것이며, 그와 같은 균열 등이 실제로 나타나서 기능상·미관상 또는 안전상 지장을 초래하게 되었을 때 하자가 발생하였다고 보아야 할 것이고,

(2) <u>한편, 그 보증대상이 되는 하자가 되기 위해서는 보증계약에서 정한 보증기간 동안에 발생한 하자로서 사용검사일 이후에 발생한 하자이어야 하므로, 공사상의 잘못으로 주택의 기능상·미관상 또는 안전상 지장을 초래하는 균열 등이 사용검사 후에 비로소 나타나야만 한다 할 것이고, 사용검사 이전에 나타난 균열 등은 그 상태가 사용검사 이후까지 지속되어 주택의 기능상·미관상 또는 안전상 지장을 초래한다 할지라도 이는 위 의무하자보수보증계약의 보증대상이 되지 못한다(참조 대법원 2002. 2. 8. 선고 99다69662 판결).</u>

보증회사는 채권양도 비율과 관계없이 아파트 전체의 사용검사 후 하자에 대하여 책임을 지기 때문에 미양도 세대에 해당하는 하자보수금도 보증금 청구 소송을 통하여 지급받아올 수 있다.

다만 구분소유자들로부터 채권양도를 받지 않고 입주자대표회의가 스스로의 권한으로 보증금을 지급받은 경우에는 이를 하자보수에만 사용하여야 하고 사용 후에 사용내역에 관하여 관할관청에 보고하여야 한다.

(2) 보증금을 예치하지 않아도 되는 경우

공동주택관리법과 구 주택법은 국가, 지방자치단체, 한국토지주택공사 및 지방공사인 사업주체의 경우에는 하자보수보증금의 예치의무를 두지 않고 있다.

공동주택이 아닌 집합건물(오피스텔, 상가)도 하자보수보증금 예치의무가 없다.

이런 경우는 보증서가 없으므로 보증회사를 상대로 소를 제기할

수 없다.

(3) 보증서의 이관

통상 하자보수보증서의 보증채권자는 민간 공동주택의 경우는 관할관청이고, 보증금예치의무가 없는데도 예치하는 경우는 시행자를 보통 보증채권자로 삼으나, 특약사항으로 관리단 또는 입주자대표회의가 구성되는 경우는 별도의 조치 없이 자동적으로 보증채권자가 관리단 또는 입주자대표회의로 변경된다고 규정하는 자동이관 특약을 두고 있다.

그러나 간혹 자동이관 특약이 없는 경우는 별도의 이관 조치를 거쳐야 할 수도 있다.

(4) 보증사고의 해석

보증사를 상대로 한 하자보수보증금 청구소송의 경우 보증금청구권의 소멸시효의 기산점은 '보증사고'가 발생한 때부터 진행하는 것이 일반적이다. 다만, 보증사에 따라 보증약관에 소멸시효를 '하자담보책임 기간 만료 후 ○년'으로 규정하고 있는 경우가 있으므로 이 점에 유의하여야 한다.

대법원은 "보증보험계약자가 그 하자에 대한 보수 또는 보완청구를 받았음에도 이를 이행하지 아니한 경우"를 보증사고가 발생한 경우로 보며, 소멸시효의 기산점 역시 이러한 보증사고가 발생한 때로부터 진행하는 것으로 보고 있다(대법원 2012. 8. 23.선고 2012다18748 판결).

(5) 하자보수에 갈음하는 손해배상청구권과 보증금 청구권의 관계

양채권은 별개의 권리이나 결과적으로 동일한 하자의 보수를 위하여 존재하는 권리이므로 원고가 그 중 하나를 선택하여 하자보수에 갈음하는 손해배상금이 지급되면 다른 권리도 소멸하는 관계에 있다.

판례(대법원 2015. 3. 20. 선고 2012다107662 판결)

원고가 피고 보증사에 대하여 가지는 하자보수보증금 채권은 피고 시행자에 대한 하자보수비 상당의 손해배상채권과 인정 근거, 권리관계의 당사자, 책임내용 등이 서로 다른 별개의 권리이므로, 원고에 대한 피고 시행자의 손해배상채무와 피고 보증사의 하자보수보증금 채무가 부진정연대채무 관계에 있지는 아니하나, 위 두 채무가 겹치는 범위 내에서는 결과적으로 동일한 하자의 보수를 위하여 존재하는 것이므로, 향후 원고가 그 중 어느 한 권리를 행사하여 하자보수에 갈음한 보수비용 상당이 지급되면 다른 권리도 소멸하는 관계에 있다.

4. 신탁회사

소규모 건설회사가 아파트 건설사업을 시행하는 경우 신탁회사에 신탁하여 이를 시행하는 경우가 있다.

이 경우 대외적으로 수탁받은 신탁회사가 아파트 건설사업의 시행자로 나서고 분양계약도 신탁회사의 이름으로 체결된다.

그러므로 집합건물법상의 분양자는 신탁회사이고 이론적으로는 담보책임도 신탁회사가 져야 한다.

그러나 분양계약서에 원 시행자와 신탁회사 간의 신탁계약이 종료되면 분양자의 지위가 원 시행자로 이전된다는 조항을 두어 계약을 체결하고 있고 그러한 계약은 분양자 지위의 이전계약으로서 3자 합의만 있으면 유효하다고 보기 때문에 결국 신탁회사는 하자담보책임을 부담하지 않는 것으로 귀결된다.

다만 소를 제기할 당시에는 신탁계약이 종료되었는지 여부를 알 수 없기 때문에 보통은 신탁회사까지 피고로 하여 소를 제기한 후 피고 측에서 자료를 제출하면 신탁회사에 대한 소를 취하하는 방식을 채택한다.

5. 분양보증인

주택분양보증인은 시행자가 주택건설사업을 시행하던 중 부도 등으로 사업시행을 할 수 없게 된 경우 수분양자들을 보호하기 위하여 분양을 보증한 자이다.

분양보증의 이행방법은 스스로 시행자가 되어 주택건설을 계속하여 공동주택을 완공하는 분양이행의 방법과 주택건설사업을 포기하고 수분양자들이 납입한 분양대금을 반환하는 환급이행의 방법을 선택하여 이행할 수 있다.

분양이행의 방법을 선택하면 스스로 시행자가 되는 것이므로 집합건물법상의 분양자의 지위에 서게 되고 분양자로서 하자담보책임을 부담한다.

판례(대법원 2016. 6. 23. 선고 2013다88836 판결)

구 집합건물의 소유 및 관리에 관한 법률(2003. 7. 18. 법률 제6925호로 개정되기 전의 것, 이하 '구 집합건물법'이라고 한다) 제9조 제1항은 집합건물 분양자의 담보책임에 관하여 민법상 도급인의 담보책임에 관한 규정을 준용함으로써 집합건물을 건축하여 분양한 자가 집합건물의 하자로 인한 담보책임을 부담하도록 하고 있다.

그런데 주택분양보증인은 사업주체가 파산 등의 사유로 분양계약을 이행할 수 없게 되는 경우 해당 주택의 분양의 이행 또는 납부한 계약금 및 중도금의 환급을 책임져야 하고, 보증채무의 이행방법이 분양이행으로 결정된 때에는 해당 주택의 건축공사를 완료한 다음 사용검사 또는 사용승인을 받고 소유권보존등기를 마친 후 수분양자 앞으로 소유권이전등기를 마쳐주게 된다. 이와 같이 분양이행을 한 집합건물의 주택분양보증인은 비록 분양계약을 체결한 당사자는 아니지만 분양보증계약의 내용에 따라 주택 건축공사를 완료하고 사용검사 또는 사용승인, 등기 등 분양계약의 기본적인 사항을 이행하게 되므로, 집합건물을 건축하여 분양한 자에 해당한다고 할 수 있다.

또한 사업주체는 해당 주택의 건축공사를 완료할 능력을 상실하여 분양계약상의 주택공급의무를 이행하지 못한 이상 건물을 건축하였다거나 그 분양을 완료하였다고 볼 수 없으므로, 실제로 건축공사를 맡는 주택분양보증인으로 하여금 하자가 없는 안전하고 견고한 건물을 짓도록 유도하고 집합건물이 부실하게 건축된 경우 수분양자와 그로부터 건물을 양수한 구분소유자를 두텁게 보호하기 위해서 주택분양보증인을 하자담보책임을 부담하는 분양자로 보는 것이 타당하다.

따라서 주택분양보증인이 분양이행을 한 경우에는 구 집합건물법 제9조 제1항의 분양자로서 하자담보책임을 부담한다고 할 것이다.

4장 하자의 개념

1. 하자담보책임의 뜻

하자란 흠이 있다는 것으로 민법은 하자담보책임에 관하여 매매에서 이를 규정하면서 모든 유상계약에 준용하고 있다.

하자가 있다는 것은 목적물이 그 대가로 지급한 것 만큼의 가치를 갖지 못한다는 것을 의미한다.

수량부족도 넓은 의미에서 하자로 볼 수 있는데, 그 효과를 보면 하자의 효과를 쉽게 알 수 있다.

즉 100원에 10개를 샀는데, 8개만 공급되었다면 2개가 부족하여 80원의 가치 밖에 되지 않는다.

이때 2개를 더 공급하면 되는데 만약 같은 물건이 없다면 20원을 되돌려 주어야 한다.

전자가 하자보수이고 후자가 손해배상이다.

다만 목적물의 하자는 수량부족과 달리 하자가 존재하는지, 얼마나 존재하는지, 보수가 가능한지 불가능한지 등의 판단이 쉽지 않을 뿐이다.

그리고 건축물의 도급계약에 있어서 하자는 아래와 같은 특수성이 있다.

도급계약에 있어서는 존재하지 않는 물건을 만드는 계약이므로 하자의 기준은 설계도면이 되어야 하고 설계도면대로 건축되지 못한 것이 하자이다.

건축물은 하자가 있더라도 보수가 불가능하거나 현저하게 어려운 경우가 많아 법은 하자가 중요하지 않고 그 보수에 많은 비용이 소요되는 경우에는 보수를 청구할 수 없고 손해배상만 청구할 수 있도록 하고 있다. 이는 마치 매도한 물건이 수량이 부족하나 그 물건이 더 이상 존재하지 않아 공급할 수 없는 것과 같다고 할 수 있다.

2. 법률규정

집합건물을 분양받은 것은 집합건물을 매수하는 것임에도 불구하고 집합건물법 제9조는 집합건물을 건축하여 분양한 자의 담보책임에 관하여는 민법 제580조의 매도인의 담보책임을 준용하지 않고 민법 제667조 내지 671조(수급인의 담보책임)의 규정을 준용하도록 규정하고 있다.

이는 집합건물의 분양계약이 통상 건물이 완성되기 전에 이루어지기 때문에 계약대로 건물을 건축할 의무를 부담하는 도급계약과 같이 취급하는 것이 적절하고, 또 대규모 건물인데다가 많은 공용부분이 있어 개별적인 구분소유자가 그 하자를 추급하는 것이 쉽지

않은 점을 고려하여 수분양자들을 두텁게 보호하기 위한 것이라고
할 것이다.

그러나 민법은 하자의 구체적인 내용에 관하여서는 규정하고 있
지 않다.

공동주택관리법 제37조는 하자의 내용에 관하여 아래와 같이 규
정하고 있다.

공동주택관리법 제37조

1. 내력구조부별 하자: 다음 각 목의 어느 하나에 해당하는 경우
   가. 공동주택 구조체의 일부 또는 전부가 붕괴된 경우
   나. 공동주택의 구조안전상 위험을 초래하거나 그 위험을 초래
      할 우려가 있는 정도의 균열·침하(沈下) 등의 결함이 발생
      한 경우
2. 시설공사별 하자: 공사상의 잘못으로 인한 균열·처짐·비틀림·
   들뜸·침하·파손·붕괴·누수·누출·탈락, 작동 또는 기능불량,
   부착·접지 또는 결선(結線) 불량, 고사(枯死) 및 입상(立像)
   불량 등이 발생하여 건축물 또는 시설물의 안전상·기능상 또는
   미관상의 지장을 초래할 정도의 결함이 발생한 경우

---

3. 판례

대법원 2010. 12. 9. 선고 2008다16851 판결은 "건축물의 하자라
고 함은 일반적으로 완성된 건축물에 공사계약에서 정한 내용과 다
른 구조적·기능적 결함이 있거나, 거래관념상 통상 갖추어야 할 품
질을 제대로 갖추고 있지 아니한 것을 말하는 것으로, 하자 여부는
당사자 사이의 계약 내용, 해당 건축물이 설계도대로 건축되었는지
여부, 건축 관련 법령에서 정한 기준에 적합한지 여부 등 여러 사정

을 종합적으로 고려하여 판단되어야 한다"고 판시하고 있다.

4. 하자판단의 기준

하자가 있다는 것은 지급한 목적물이 대금만큼의 가치를 갖지 못하는 것이다.

건축물이 균열, 처짐, 뒤틀림 등의 하자가 없어야 하는 것은 당연하고, 수분양자와 약속한 품질을 갖추어 지급한 대금만큼의 가치가 있어야 한다.

즉 계약 당시 수분양자들은 건축물이 건축물로서의 일반적인 기능을 가질 뿐만 아니라 분양광고 당시의 품질을 갖출 것을 기대하고 분양대금을 지급한 것이므로 이를 갖추지 못하면 하자가 된다.

(1) 계약내용과 다른 것

수급인이 담보책임을 부담하는 하자란, 계약대로 일을 완성하지 못한 것이다.

위 대법원판결에서도 "공사계약에서 정한 내용과 다른 구조적, 기능적 결함이 있다"는 것이 하자라고 하고 "해당 건축물이 설계도대로 건축되었는지 여부를 살펴보아야 한다"라고 하고 있다.

그러므로 설계도면대로 건축되었는지 여부를 판단하여야 하는데, 아파트 등 대규모 집합건물은 착공 시에 작성된 당초의 설계도면 그대로 건축되는 경우는 드물고 보통은 수차례의 설계변경을 거치고 최종적으로 준공도면이 작성된다.

이때 하자판단의 기준이 되는 도면이 사업승인도면(착공도면)인지 사용검사도면(준공도면)인지가 문제된다.

　분양은 보통 건축이 완성되기 전에 이루어지고 분양계약은 당시에 존재하는 도면대로 건축하여 공급하겠다는 약속으로 보아야 하므로 이론적으로는 분양 당시에 존재하는 도면인 착공도면이 기준이 되어야 마땅하다고 보인다.

　그러나 **판례는 준공도면을 기준으로 판단하여야 한다**고 하면서 그 근거를 아래와 같이 설시 하고 있다.

판례(대법원 2014. 10. 15. 선고 2012다18762 판결)

　"사업승인도면은 사업주체가 주택건설사업계획의 승인을 받기 위하여 사업계획승인권자에게 제출하는 기본설계도서에 불과하고 대외적으로 공시되는 것이 아니어서 별도의 약정이 없는 한 사업주체와 수분양자 사이에 사업승인도면을 기준으로 분양계약이 체결되었다고 보기 어려운 점, 실제 건축과정에서 공사의 개별적 특성이나 시공 현장의 여건을 감안하여 공사 항목 간의 대체시공이나 가감시공 등 설계변경이 빈번하게 이루어지고 있는 점, 이러한 설계변경의 경우 원칙적으로 사업주체는 주택 관련 법령에 따라 사업계획승인권자로부터 사업계획의 변경승인을 받아야 하고, 경미한 설계변경에 해당하는 경우에는 사업계획승인권자에 대한 통보절차를 거치도록 하고 있는 점, 이처럼 설계변경이 이루어지면 변경된 내용이 모두 반영된 최종설계도서에 의하여 사용검사를 받게 되는 점, 사용검사 이후의 하자보수는 준공도면을 기준으로 실시하게 되는 점, 아파트 분양계약서에 통상적으로 목적물의 설계변경 등에 관한 조항을 두고 있고, 주택 관련 법령이 이러한 설계변경절차를 예정하고 있어 아파트 분양계약에서의 수분양자는 당해 아파트가 사업승인도면에서 변경이 가능한 범위 내에서 설계변경이 이루어진 최종설계도서에 따라 하자 없이 시공될 것을 신뢰하고 분양계약을 체결하고, 사업주체도 이를 계약의 전제로 삼아 분양계약을 체결하였다고 볼 수 있는 점 등을 종합하여 보면, 사업주체가 아파트 분양계약 당시 사업승인도면이나 착공도면에 기재된 특정한 시공내역과 시공방법대로 시공할 것을 수분양자에게 제시 내지 설명하거나 분양안내서 등 분양광고나 견본주택 등을 통하여 그러한 내용을 별도로 표시하여 분양계약의 내용으로 편입하였다고 볼 수 있는 등 특별한 사정이 없는 한 아파트에 하자가 발생하였는지는 원칙적으로 준공도면을 기준으로 판단함이 타당하다. 따라서 아파트가 사업승인도면이나 착공도면과 달리 시공되었더라도 준공도면에 따라 시공되었다면 특별한 사정이 없는 한 이를 하자라고 볼 수 없다."

 그러므로 적법한 설계변경을 마친 준공도면대로 건축되지 못한 것이 하자라 할 것이나 더 나아가 분양광고나 견본주택 등에서 선전한 내용과 다른 것도 하자가 된다.
 계약내용을 구성하는 설계도서에는 설계도면을 보충하는 시방서, (준공)내역서 등도 포함된다. 따라서 시방서, 내역서 등에 부합하지 않는 것은 하자이다.

(2) 통상적 품질을 갖추지 못한 것

1) 통상의 품질

 위 대법원판결은 "건축물이 거래관념상 통상 갖추어야 할 품질을 갖추고 있지 못한 경우"에는 하자라고 하고 있다.
 공동주택관리법 시행령 상의 "공사상의 잘못으로 인한 균열·처짐·비틀림·침하·파손·붕괴·누수·누출·작동 또는 기능불량·부착·접지 또는 결선불량, 고사 및 입상불량 등이 발생하여 건축물 또는 시설물의 기능·미관 또는 안전상의 지장을 초래하는 것"은 건축물이 거래관념상 통상 갖추어야 할 품질을 갖추고 있지 못한 경우의 구체적 예시라 할 것이다.
 위와 같은 하자가 있으면 어떠한 건축물도 건축물로서의 가치를 제대로 갖지 못하는 것으로 건축물의 통상의 품질을 갖추지 못한 것이다.

2) 건축관련 법령

그리고 위 판례가 말하듯이 건축 관련 법령에서 정한 기준에 적합하지 못한 것도 통상 갖추어야 할 품질을 갖추지 못한 것이라고 보아야 한다.

주택법 제35조는 주택건설기준 등에 관하여 아래와 같이 규정하고 있다.

그리고 주택건설기준 등에 관한 규정에서 자세한 기준을 정하고 있다.

그 외 개별법에서 각종 건축설비 등의 건설기준을 정한 것이 있는데 이러한 법규가 요구하는 기준을 충족시키지 못하는 것은 하자라고 보아야 한다.

주택법 제35조(주택건설기준 등) ① 사업주체가 건설·공급하는 주택의 건설 등에 관한 다음 각 호의 기준(이하 "주택건설기준등"이라 한다)은 대통령령으로 정한다.

1. 주택 및 시설의 배치, 주택과의 복합건축 등에 관한 주택건설기준
2. 세대 간의 경계벽, 바닥충격음 차단구조, 구조내력(構造耐力) 등 주택의 구조·설비기준
3. 부대시설의 설치기준
4. 복리시설의 설치기준
5. 대지조성기준
6. 주택의 규모 및 규모별 건설비율

② 지방자치단체는 그 지역의 특성, 주택의 규모 등을 고려하여 주택건설기준등의 범위에서 조례로 구체적인 기준을 정할 수 있다.
③ 사업주체는 제1항의 주택건설기준등 및 제2항의 기준에 따라 주택건설사업 또는 대지조성사업을 시행하여야 한다.

---

3) 표준시방서

건축공사 표준시방서는 국토교통부에서 제정한 건축의 기준이 되는 시방서로서 건축공사 표준시방서에 위배되는 시공도 하자라고 보아야 한다.

준공도면은 시행자가 임의로 건축하여 최종적으로 만든 도면임에도 불구하고 준공도면이 하자 판단의 기준이 되는 이유는 당사자가 계약시에 설계도면에 관한 구체적인 확인이나 약정이 없었으므로 착공도면대로 건축되지 않았다고 하여 하자라 할 수 없다는 것이다.

그렇다고 하여 시행자가 어떠한 품질의 건축을 하여도 그에 맞추어 준공도면만 작성하면 하자가 되지 않는다고 볼 수는 없고 일정한 기준이 있어야 하는데, 건축공사의 표준시방서는 건축물이 통상의 품질을 갖출 수 있기 위한 최소한의 기준을 의미한다고 할 것이고 분양계약의 당사자도 표준시방서에서 요구하는 품질을 갖춘 정도의 건축물을 공급할 것을 약정한 것이라고 보는 것이 합리적이므로 표준시방서에 미달하는 것은 하자라고 보아야 할 것이다.

서울중앙지방법원에서 발간한 건설감정실무도 중요한 사항에 관하여 표준시방서에 미달되는 기준으로 작성된 건축시방서는 하자판정의 기준이 될 수 없고 표준시방서에 위배되면 하자가 된다고 하고 있다.

4) 설계하자의 경우

설계의 잘못으로 인하여 건축물에 통상 갖추어야 할 품질을 갖추지 못한 하자가 발생한 경우, 그러한 품질의 설계를 당사자가 특별히 용인하였다는 것이 인정되지 않는 한 설계대로 건축되었다는 이유로 면책될 수는 없고 하자라고 보아야 한다.

5장 손해배상의 범위

1. 보수가 가능한 경우

하자를 보수하는 데 필요한 비용이 손해이다.

2. 보수가 불가능한 경우나 하자가 중요하지 아니한 데 그 보수에 과다한 비용을 요하는 경우

하자보수를 구할 수 없고 그 하자로 인하여 입은 손해의 배상만 구할 수 있다.

이러한 경우 손해는 하자 있는 아파트 등의 교환가치의 감소액 즉 완전한 건물과 하자 있는 건물의 경제적 가치의 차액이다.

그러나 경제적 가치의 차액을 산정하는 것이 쉽지 않기 때문에 판례는 공사비의 차액을 손해로 인정한다.

하자를 제대로 보수하기 위하여서는 잘못된 부분을 철거하고 다시 시공해야 하는데 이러한 보수는 과다한 비용이 소요되기 때문에 아파트 하자의 대부분은 공사비의 차액으로 손해를 배상하게 된다.

그러나 하자보수에 과다한 비용을 요하더라도 하자가 중요하다면 보수비용(철거 후 재시공 비용)을 배상하여야 한다.

특정회사 제품 승강기를 설치하도록 약정하였음에도 불구하고 가격이 저렴한 다른 회사가 제작한 승강기를 설치하였는데, 그 승강기를 설치한 회사가 도산하여 유지·보수에 어려움이 있는 경우 중요한 하자로서 철거 후 재시공하는 비용을 손해로 인정한 판례가 있다(대법원 1996. 5. 14. 선고 95다24975 판결).

3. 손해 산정 방법

(1) 하자보수비 또는 공사비 차액

하자보수가 가능한 경우 하자보수에 갈음하는 손해배상의 액수는 하자보수비용이다.

하자보수비용은 철거의 필요가 없으면 보수하는 비용이 될 것이고 잘못 시공된 것이 있으면 이를 철거하고 재시공하는 비용이 될 것이다.

반면에 하자가 중요하지 아니하고 보수에 과다한 비용이 소요되는 경우라고 판단되면 하자 없이 건축하는 경우와 하자 있는 건축의 경우의 공사비의 차액이 손해가 된다.

판례는 "하자가 중요하지 아니하면서 동시에 보수에 과다한 비용을 요할 때에는 하자의 보수나 하자의 보수에 갈음하는 손해배상을 청구할 수는 없고 하자로 인하여 입은 손해의 배상만을 청구할 수 있으며, 이러한 경우 하자로 인하여 입은 통상의 손해는 특별한 사정이 없는 한 도급인이 하자 없이 시공하였을 경우의 목적물의 교환가치와 하자가 있는 현재의 상태대로의 교환가치와의 차액이 되고, 교환가치의 차액을 산출하기가 현실적으로 불가능한 경우의 통상의 손해는 하지 없이 시공하였을 경우의 시공비용과 하자 있는 상태대로의 시공비용의 차액이라고 봄이 상당하다"(대법원 1997. 2. 25. 선고 96다45436 판결, 대법원 1998. 3. 13. 선고 97다54376 판결 참조)고 판시하고 있다.

부족하게 시공된 것은 부족한 부분을 보충하여 시공하여야 보수가 되는 것이고 손해가 회복되는 것이지만, 건축물의 경우 부족한 부분을 그대로 보충하여 시공하는 것이 불가능하고 이미 시공된 것을 철거한 후 다시 시공하여야만 하는데 이 경우 비용이 과다하게 소요된다.

그러므로 하자가 중요하지 않은 경우 철거 후 재시공을 하는 비용을 손해로 보지 않고 **실제로는 불가능하지만 관념적으로 계산할 수 있는 보충하여 시공하는 비용**만을 손해로 보는 것이다.

그러므로 현실의 소송에서는 보수가 불가능한 것인지, 보수에 과다한 비용이 드는 것인지, 하자가 중요한 하자인지 중요하지 않은 하자인지의 판단의 차이에 따라 손해배상의 액수에 매우 많은 차이가 날 수 있다.

(2) 공사비 차액의 산정 방법

시공해야 할 공사를 미시공하였다면 이를 시공하는 추상적인 공사비가 공사비 차액이 될 것이다.

시공은 하였으나 부족하게 시공하였다면 부족한 부분만큼을 추가로 시공하는 비용이 공사비 차액이다.

공사의 내용이 서로 다르다면(변경시공) − 예컨대 대리석으로 시공하여야 하는 것을 벽지로 시공한 경우, 대리석으로 시공하는 공사비와 벽지로 시공하는 공사비를 추상적으로 산정, 비교하여 차액을 산정한다.

공사비 차액의 산정은 추상적으로 산정되는 공사비를 기준으로 비교하여야 하고, 현실적으로 지출한 비용을 기준으로 하여서는 안 된다 할 것이다.

왜냐하면 하자 있는 시공은 현실적으로 시공된 것이지만 하자 없는 시공은 현실적으로 시공된 것이 아니기 때문에 동일한 기준으로 비교할 수 없고, 현실적인 시공비용은 시공자의 능력에 따라 차이가 나기 때문이다.

(3) 노무비 문제

피고 측에서는 공사비 차액이라는 문구에 착안하여 액체방수 두께 부족, 타일 뒷채움 부족 등 수량적으로 부족하게 시공한 경우의 공사비 차액을 산정함에 있어서 재료비는 절약되었지만 노무비는 이미 모두 지출되었으므로 공사비 차액을 산정함에 있어서 노무비는 제외되어야 한다고 주장한다.

그러나 공사비의 차액을 산정함에 있어서 시공자가 현실적으로 지출한 비용이 아니라 추상적으로 산정되는 비용을 기준으로 하여야 하는 것이고, 손해는 부족하게 시공된 부분을 시공하여야 회복되는 것으로서 시공자가 부족하게 시공함으로써 얼마를 절약하였느냐가 아니라 부족하게 시공된 부분을 보충하여 시공하기 위하여 얼마의 비용이 소요되는가를 산정하여야 하는 것이므로 위 주장은 타당하지 않다.

　손해배상은 피해자가 입은 손해를 배상하여야 하는 것으로 시공자가 부족하게 시공함으로써 절약한 비용을 공사비의 차액이라고 주장하는 것은 부족하게 시공함으로써 시공자가 절약한 비용을 반환하면 된다는 주장으로 부당이득 반환의 법리이지 손해배상의 법리가 아니다.

4. 정신적 고통에 대한 위자료 청구권 관련

　수분양자가 입은 정신적 고통에 대한 손해도 추가로 배상되어야 하는지가 문제되나 재산적 손해에 대한 위자료는 원칙적으로 인정되지 않는다.

판례(대법원 2006. 10. 26. 선고 2004다17993,18002,18019 판결)

　일반적으로 신축한 건물에 하자가 있는 경우에 이로 인하여 수분양자가 받은 정신적 고통은 하자가 보수되거나 하자보수에 갈음한 손해배상이 이루어짐으로써 회복되는 것이나, 수분양자가 하자의 보수나 손해배상만으로 회복할 수 없는 정신적 고통을 입고 분양자가 이와 같은 사정을 알았거나 알 수 있었다면 정신적 고통에 대한 위자료도 인정되어야 하지만(대법원 1970. 3. 31. 선고 69다2016 판결, 2005. 6. 10. 선고 2003다29524, 29531 판결 등 참조), 이에 대한 분양자의 고의 또는 과실에 대한 입증책임은 이를 주장하는 수분양자에게 있다.

5. 피고들의 책임제한

현재 전국의 대부분의 법원에서는 산정되는 손해배상금에서 준공시로부터 감정을 위한 현장조사시까지의 기간의 경과에 따라 1년에 5%씩 손해배상금을 공제함으로써 피고들의 책임을 제한하고 있다.

책임제한의 근거는 시간이 지남에 따라 아파트의 자연적인 노후화가 진행되어 그것이 하자발생에 기여한다는 것을 주된 이유로 하고 있다. 나아가 하자가 공사상의 잘못으로 인한 것과 입주자들의 사용상의 부주의로 파손된 것이 섞여 있으나 이를 구별하기가 쉽지 않다는 것도 하나의 사유로 삼고 있다.

다만 1년에 5%씩 감액하는 근거는 분명하지 않다.

일응 구 집합건물법에서는 제척기간이 10년이었기 때문에 준공 후 10년 가까이 된 아파트도 하자소송을 하였던바 10년차에는 50%를 피고의 책임범위로 판단하겠다는 단순계산이 아닌가 추측해 본다.

그러나 이러한 일률적인 책임제한은 현재의 변화된 하자처리 법령과 하자소송 기술의 발전에 비추어보면 아래와 같이 현실에 부합하지 않는 측면이 있다.

우선 책임제한의 이유로 삼고 있는 자연적인 노후화, 사용상의 과실의 경합 등 사유는 미시공, 변경시공으로 인한 교환가치의 감소를 이유로 하는 사용검사전의 하자에는 해당사항이 없고 사용검사 후의 하자 특히 마감공사등 담보책임기간이 2년 또는 3년인 하자에 해당하는 것이다.

그런데 이러한 2, 3년차 하자는 전체하자에서 차지하는 비율이 20~30% 정도에 불과하다. 그러므로 20~30% 이상 책임제한을 하게 되면 2, 3년차 하자 전부를 피고들의 공사상의 잘못이 아니라 자연적인 노후화나 입주자들의 사용상의 부주의로 인한 것으로 평가하는 것이 된다.

따라서 단순히 기간의 경과에 따라 일률적으로 1년에 5%씩 감액하는 제도의 운용은 재검토할 필요가 있다고 할 것이다.

아무튼 이러한 책임제한을 많이 받지 않기 위하여 구분소유자들로서는 소송을 빨리 시작하는 것이 유리하다.

6. 지연손해금 기산일

채무불이행으로 인한 손해배상금은 이행의 기한이 없는 채무로서 민법 제387조에 따라 이행청구를 받은 때로부터 지체 책임이 있다 (대법원 2009. 5. 28. 선고 2009다9539 판결 등 참조).

그러므로 시행사 등에게 이행청구를 하는 것은 제척기간을 준수하기 위하여서도 필요하지만 지연손해금의 기산일을 앞당기기 위하여서도 필요한 것이 된다.

제척기간의 문제가 없었던 과거에는 소장송달로 이행청구가 이루어졌으나 현재는 제척기간 준수를 위하여서 소를 제기하기 전에 이행청구를 먼저 하는 경우가 많다. 시행사 등은 민법 소정의 연 5%, 보증인은 상법 소정의 연 6%의 비율에 의한 지연손해금을 지급하게 되는데 하자소송이 시간이 오래 걸리기 때문에 지연손해금의 액수도 상당히 많게 된다.

구분소유자로서는 적법한 이행청구를 빨리 함으로써 소송으로 진행되었을 때 지연손해금을 손해보지 않도록 하여야 한다.

7. 하자보수완료확인서의 작성과 손해배상

개정 전 주택법 시행령 및 공동주택 관리법 시행령에는 담보책임 기간별 하자보수종료 절차 및 하자보수종료확인에 대하여 규정하고 있다.

공동주택 관리법 및 동법 시행령이 신설되기 전에는 주택법에서 입주자 또는 그 대리인의 5분의 4 이상의 서면확인을 하자보수종료 확인의 필요 요건으로 규정하고 있었으나, 공동주택 관리법 시행령 은 하자보수종결 확인서의 작성 권한을 전유부분은 입주자, 공용부 분은 입주자대표회의 회장으로 규정하면서 다만 입주자들 5분의 1 이상이 서면으로 반대하면 공용부분 하자보수종결 확인 결의를 할 수 없도록 규정하여 하자종결 확인서 작성 요건을 좀 더 완화하고 있다.

그러나 위와 같은 주택법이나 공동주택관리법상의 하자보수완료 확인서의 작성은 공동주택의 하자처리의 절차 중 하나일 뿐이고 위 와 같은 하자보수완료확인서는 구분소유자들의 집합건물법 제9조에 따른 하자담보추급권의 행사에 영향을 미치지 않는다.,

우선 입주자대표회의는 하자담보추급권을 갖고 있지 않으므로 하 자보수에 관하여 시행사나 시공사와 합의하거나 시행사, 시공사의 책임을 면하게 할 수 있는 권한이 없다. 따라서 입주자대표회의가 하자보수완료확인서를 작성하여 주어도 그것이 구분소유자들로부터 적법한 위임을 받았다는 입증이 없는 한 구분소유자들의 손해배상 청구권에 영향을 미치는 합의가 될 수 없다.

판례(대법원 2009. 5. 28. 선고 2009다9539 판결)

"집합건물법에 의한하자담보추급권은 특별한 사정이 없는 한 집합건물 구분소유자에게 귀속하고, 입주자대표회의로서는 사업주체에 대하여하자보 수를 청구할 수 있을 뿐 하자보수추급권을 가진다고 할 수는 없다(대법원 2006. 8. 24. 선고 2004다20807 판결 등 참조).

원심이 그 채용 증거에 의하여 적법하게 확정한 사실에 의하면, 삼환기 업이 이 사건 아파트에 대한하자보수공사를 한 후인 2001. 1. 31. 원고와 삼환기업은 최종하자보수완료확인서에 각 날인하였고, 위 확인서에는 '본 완료확인서날인 후 원고는 추가하자사항 등의 주장이나 이의 제기를 하지 않기로 하며 삼환기업이 건설공제조합에 대하여하자보증 해제요청을 하여 도 이의하지 않을 것을 확약한다'고 기재되어 있기는 하나, 위 법리에 비추 어 보면, 원고가 위 확인서 작성 당시 구분소유자들로부터 그 손해배상청 구권에 관한 처분권한을 위임받았다는 등의 특별한 사정이 없는 이 사건에 서는 구분소유자들이 이 사건 아파트의 하자로 인하여 취득한 손해배상청 구권에 관하여 원고가 이를 포기할 수는 없다고 할 것이므로, 같은 취지에 서 피고의 주장을 배척한 원심판단은 정당하고, 거기에 상고이유에서 들고 있는 신의칙 내지 금반언 원칙의 법리오해, 또는 판단유탈의 위법이 없다."

나아가 구분소유자들이 하자보수완료확인서를 작성하여 주었다 하더라도 단순히 존재하는 하자가 일응 보수되었다는 확인에 불과 하고 이로 인하여 확인서 작성 당시 미처 확인되지 못하였거나 장 래 발생할 수 있는 모든 하자에 대한 하자보수청구권을 포기한 것 으로 평가되지 않는다.

판례(서울고등법원 2001. 5. 10. 선고 2000나41006 판결)

"이 사건 아파트의 입주자대표회의 등이 위와 같이 피고에게 일부하자에 대한 하자보수완료확인서를 작성하여 준 것만으로 이 사건 하자에 대한 보 수가 완료되었다고 볼 수 없고, 설령 준공검사권자인 ㅇㅇ구청장이 피고로 부터 하자보수완료보고를 받고 피고에게 하자보수를 명한 바 없다거나 하

자보수보증인이 하자보수보증을 해지한 바 있다 하더라도 그것만으로 준공
검사권자인 하자보수의 종료사실을 확인한 것이라거나 하자보수가 완료된
것이라고 볼 수도 없다."

판례(서울지방법원 97가합26635 판결)

"하자보수완료확인은 외견상 하자를 보수하였다는 것을 확인하는 것에 불
과하고 이를 가지고 보수한 부분에 대하여 다시 하자가 발생하였거나, 새
롭게 발생한 하자에 대하여서까지 위 보수완료로 인하여 피고의 하자담보
책임을 면제하였다고 볼 수 없다."

판례(서울고등법원 2002나36107 판결, 대법원 99다19032 판결)

"외부에서 쉽게 발견할 수 없는 하자는 입대위가 하자종료합의서 및 확인
서를 작성할 때까지도 이를 쉽게 알 수 없고, 한편 시공자는 위와 같은 시
공상의 하자를 알고 있다고 보는 것이 상당하므로 시공자가 수급자로서 위
와 같은 하자를 알면서도 이를 고지하지 아니한 경우 하자종료 합의를 이
유로 담보책임이 면제되거나 종료되었다고 보는 것은 신의성실의 원칙에
위배된다고 할 것이므로 민법 제672조를 유추적용하여 시공자는 위 하자
에 대하여 담보책임을 면하지 못한다."

8. 하자보수보증금액과 손해배상액의 관계

주택법(공동주택관리법)은 시공자로 하여금 하자보수보증금을 납부
하거나 일정한 자격있는 자의 하자보수보증서를 발급받아 입주자대
표회의에 제공하게 하고 있고, 이를 기초로 보증회사에 대하여 소송
을 한다.

이러한 하자보수보증금이나 보증서의 보증금액은 공사대금(총시공
비)의 3%로 정해져 있다.

이 보증금액은 보증인이 책임지는 손해배상액수의 한도일 뿐이고
실제의 손해액과는 아무런 관계가 없다.

아파트에 하자가 존재하지 아니하면 보증인이 책임질 일이 없으
므로 위 보증금액은 아무런 의미가 없는 것인데, 보통의 경우에 보
증인이 책임질 하자(사용승인 후 하자)로 인한 손해액은 위 보증금액
보다 훨씬 적다.

6장 손해배상청구를 할 수 있는 기간(제척기간)

1. 제척기간의 의미

집합건물법에는 당초 권리행사의 제척기간의 규정이 없었고 집합건물법에서 준용하는 민법의 규정에 의하여 집합건물의 분양자의 하자담보책임의 제척기간은 10년이었다.

그런데 2012. 12. 18. 개정된 집합건물법(신법)은 건물의 주요구조부 및 지반공사의 하자만 10년의 제척기간을 두고, 나머지에 관하여서는 시설공사별로 2년~5년의 제척기간을 규정하였다.

제척기간이란 권리를 행사할 수 있는 기간으로서 그 기간 안에 권리를 행사하지 아니하면 권리는 소멸한다.

따라서 단기의 제척기간이 규정된 현행법 하에서는 제척기간에 대하여 확실한 인식이 필요하다.

일반적으로 권리의 소멸사유로는 소멸시효가 있다.

소멸시효는 모든 권리에 대하여 적용되는 일반적인 권리소멸사유인데(소유권은 제외) 소멸시효의 기간은 원칙적으로 일반적인 민사채권은 10년, 상사채권은 5년이고 소의 제기, 채무의 승인 등 특별한 사유가 있으면 소멸시효가 중단되어 그 사유가 소멸한 때로부터 다시 진행한다.

이에 반하여 제척기간은 법률관계를 빨리 확정지을 필요가 있는 경우에 개별적인 권리에 대하여 규정하는 것으로 소멸시효와 달리 중단사유가 없고 제척기간이 경과하면 권리가 절대적으로 소멸한다.

2. 하자담보책임의 제척기간의 연혁

매매의 경우 매도인의 담보책임기간(제척기간)은 하자를 안 날로부터 6개월 또는 1년으로 단기로 규정되어 있다.

집합건물법이 준용하고 있는 수급인의 담보책임기간도 1년으로 단기이나(민법 제670조), 다만 건축물의 수급인은 5년, 그 중에서 석조, 석회조, 연와조, 금속 기타 이와 유사한 재료로 조성된 것인 때에는 10년으로 한다는 특칙이 있다(민법 제671조).

집합건물은 철근콘크리트의 견고한 건축물이기 때문에 민법 제671조에 의하여 10년의 제척기간이 적용되었던 것이다.

집합건물의 분양자와 수분양자 사이의 계약은 도급계약이 아니고 매매계약이나, 집합건물의 분양은 건축물이 완성되기 전에 사전분양을 하는 경우가 대부분이라는 점 등을 고려하여 수분양자를 두텁게 보호하기 위하여 집합건물법에서 매도인이 아닌 수급인의 담보책임 규정을 준용한 것이다.

그런데 분양자의 입장에서는 하자담보책임의 제척기간이 지나치게 길어 10년 동안 하자담보책임에서 벗어나지 못하므로 적어도 공동주택(아파트)에 관하여서라도 이를 단축시키고자 구 주택건설촉진법과 공동주택관리령에서 아파트의 하자를 1년~5년 및 10년의 담보책임기간을 규정하였다.

그러나 판례는 구 집합건물법 부칙 제6조(주택건설촉진법과의 관계)가 "집합주택의 관리 방법과 기준에 관한 주택건설촉진법의 특별한 규정은 그것이 이 법에 저촉하여 구분소유자의 기본적인 권리를 해하지 않는 한 효력이 있다"는 규정을 주된 이유로 하여 위 담보책임기간은 제척기간이 아니고 하자발생기간이라고 하였다.

이에 2005. 5. 26. 집합건물법 부칙 제6조를 "집합주택의 관리방법과 기준에 관한 「주택법」의 특별한 규정은 그것이 이 법에 저촉하여 구분소유자의 기본적인 권리를 해하지 않는 한 효력이 있다. **다만, 공동주택의 담보책임 및 하자보수에 관하여는 「주택법」 제46조의 규정이 정하는 바에 따른다**"라고 개정하였으나, 판례는 여전히 주택법 제46조의 담보책임기간의 규정이 "담보책임기간 내에 권리를 행사하여야 한다"라는 명시적 문언이 없음을 이유로 주택법의 시설공사별 1년~5년의 담보책임기간은 하자발생기간일 뿐 제척기간은 아니라고 해석하였다.

현 집합건물법 제9조의2는 "다음 각호의 기간 내에 권리를 행사하여야 한다"라고 제척기간을 직접 규정하고 있다.

이는 건설회사들의 오랜 기간의 노력의 결과로 보인다.

3. 권리행사 방법

제척기간 준수를 위한 이행청구는 소를 제기하거나 소의 제기 없이 채무자에게 직접 이행청구를 하여도 좋으나 상대방에게 이행청구서(소장)가 제척기간 내에 도달하여야 한다.

소멸시효의 중단을 위하여서는 주로 소를 제기하여야 하고 상대방에게 도달되지 않아도 된다는 점에서 차이가 있다.

하자보수에 갈음하는 손해배상청구권은 전유부분은 물론 공유부분도 지분비율대로 각 구분소유자에게 귀속되는 재산권으로서 입주자대표회의가 이를 대신 행사할 수 없다.

즉 입주자대표회의가 하자보수를 요청하였어도 각 구분소유자가 하자보수를 요청한 것으로 평가되지 않는다.

판례(대법원 2011. 3. 24. 선고 2009다43843 판결)

"1. 구 집합건물의 소유 및 관리에 관한 법률(2003. 7. 18. 법률 제6925호로 개정되기 전의 것, 이하 '구 집합건물법'이라 한다) 제9조의 하자담보추급권은 특별한 사정이 없는 한 집합건물 구분소유자에게 귀속하며, 비록 관련 주택법령에서 입주자대표회의에게 공동주택의 사업주체에 대한하자보수청구권을 부여하고 있으나, 이는 행정적인 차원에서 공동주택하자보수의 절차·방법 및 기간 등을 정하고 하자보수보증금으로 신속하게 하자를 보수할 수 있도록 하는 기준을 정하는 데 그 취지가 있을 뿐(대법원 2009. 2. 12. 선고 2008다84229 판결 참조), 구분소유자의 하자담보추급권과 입주자대표회의의 하자보수청구권은 그 근거 법령과 입법 취지 및 권리관계의 당사자와 책임내용 등이 서로 다른 전혀 별개의 권리이므로, 달리 특별한 사정이 없는 한 입주자대표회의가 사업주체에 대하여 한 하자보수청구를 입주자대표회의가 구분소유자들을 대신하여 한 것으로 볼 수는 없다. 마찬가지로 사업주체가 입주자대표회의에 대하여 관련 주택법령에 의한 하자보수책임을 승인하였다고 하여 이로써 사업주체가 구분소유자들에 대하여 구 집합건물법에 의한 하자담보책임까지 승인하였다고 볼 수도 없다.

2. 원심은, 원고가 2004. 12. 30. 피고(대한주택공사와 그 소송수계인인 한국토지주택공사를 함께 일컫는 말이다. 이하 같다)를 상대로 제기한 이 사건 소는 입주자대표회의가 하자보수에 갈음한 손해배상채권을 직접 행사할 수 있음을 전제로 한 것이어서 이를 가리켜 제척기간 내에 적법하게 권

리를 행사하였다고 볼 수 없으며, 원고가 청구취지를 양수금청구로 변경한 2009. 3. 25.은 사용검사일인 1995. 6. 26.로부터 10년의 제척기간이 경과한 이후임이 명백하지만, 이 사건 아파트가 신축된 뒤 하자가 발생하여 원고가 2004. 8. 27.경부터 여러 차례에 걸쳐 구분소유자들을 대신하여 피고에게 보수공사를 요청하였고, 이는 구분소유자들이 동별 대표자로 구성된 원고를 통하여 각하자부분에 대한 자신들의 권리를 재판 외에서 포괄적으로 행사하였다고 선해함이 상당하므로, 결국 원고나 구분소유자들로서는 제척기간 내에 적법하게 권리를 행사하였다고 판단하였다.

3. 그러나 앞서 본 법리에 비추어 볼 때, 원고가 구분소유자들의 요청을 받아 피고에게 보수공사를 요구한 것만으로 그것이 구분소유자들의 집합건물법에 의한 하자보수청구권의 행사라고 보기는 어렵고, 원심이 인정하고 있는 피고가 원고의 하자보수청구에 응하여 시공사로 하여금 하자보수공사를 하게 하고 원고로부터 하자보수완료확인서를 교부받도록 하였다는 사정만으로 피고가 구분소유자들에 대하여 집합건물법에 의한 하자담보책임까지 승인한 것으로 보기도 어려우며, 달리 구분소유자들이 이 사건 아파트의 인도일인 1995. 6. 26. 무렵으로부터 10년이 경과하기 전에 스스로의 하자보수청구권 또는 하자보수에 갈음하는 손해배상청구권을 행사하였다거나 피고가 구분소유자들에 대하여 집합건물법에 의한 하자담보책임까지 승인하였다고 보기에는 자료가 부족하다.

그렇다면 원심으로서는 원고가 피고 및 시공사에게 여러 차례에 걸쳐 보수공사를 요구한 사실이 있다고 하더라도 이러한 사정만으로 원고가 구분소유자들을 대신하여 하자보수에 갈음한 손해배상청구권을 행사한 것이라고 단정지을 것이 아니라, 원고가 아닌 구분소유자들이 이 사건 아파트의 인도시기로부터 10년 이내에 하자보수에 갈음한 손해배상청구권을 재판상 또는 재판 외에서 행사한 사실이 있다고 볼 수 있는지에 관하여 심리한 후에 피고의 제척기간 경과 주장이 정당한지 여부를 판단하였어야 할 것이다.

그럼에도 원심은 그 판시와 같이 사정만으로 피고의 제척기간 경과의 주장을 배척하고 원고의 이 사건 양수금청구를 일부 인용하였는바, 이러한 원심의 판단에는 구 집합건물법 제9조에 규정된 하자보수에 갈음한 손해배상청구권의 행사와 제척기간에 관한 법리를 오해하여 필요한 심리를 다하지 아니한 잘못이 있고, 이는 판결 결과에 영향을 미쳤음이 분명하다. 이 점을 지적하는 상고이유는 이유 있다."

따라서 하자보수청구권을 행사하여 제척기간을 준수하였는지의 여부는 각 구분소유자별로 개별적으로 판단되어야 하는 것으로 모든 구분소유자가 모든 하자에 대하여 이행최고를 하여야 모든 구분소유자들에 대한 모든 하자에 대한 권리가 행사된 것으로 평가된다.

다시 말하면 이행청구를 한 사람만, 이행청구를 한 하자에 대하여서만 권리가 보전된다는 것 예를 들어 101호 소유자가 이행청구를 하여도 102호 소유자도 이행청구를 한 것으로 평가될 수 없고, 창문에서 비가 샌다는 하자를 주장하여도 목욕탕에서 물이 샌다는 하자에 대하여 주장한 것으로 평가될 수 없다는 의미가 된다.

4. 보증인의 책임의 제척기간 적용 여부

보증인은 공동주택관리법에서 시공자에 부과하고 있는 하자보수보증금 납부의무를 이행보증하기 위하여 보증서를 발급한 자이다.

그 근거 법률이 공동주택관리법이고 집합건물법이 아니기 때문에 집합건물법의 제척기간의 규정은 보증인의 책임에는 직접적으로 적용이 되지는 않는다 보아야 한다.

판례도 시행사, 시공사에 대한 손해배상청구권과 보증회사에 대한 보증금 청구권은실질적 중첩관계일 뿐 부종성을 갖는 것은 아니고 하자보수에 갈음하는 손해배상청구권이 제척기간의 경과로 소멸하더라도 보증금청구권은 소멸하지 않는다고 하였다.

판례(대법원 2013. 2. 28. 선고 2010다65436 판결)

"다시 말해 구 집합건물법에 의한 구분소유자들의 손해배상청구권과 구 주택건설촉진법, 구 공동주택관리령에 의한 입주자대표회의의 하자보수이 행청구권 및 보증금지급청구권은 그 인정 근거와 권리관계의 당사자 및 권 리내용 등이 서로 다른 별개의 권리이다(대법원 2012. 9. 13. 선고 2009 다23160 판결, 대법원 2011. 3. 24. 선고 2009다34405 판결 등 참조). 따라서 구분소유자가 구 집합건물법 제9조 제1항, 민법 제667조에 의하여 집합건물을 건축하여 분양한 자에 대하여 가지는 하자보수에 갈음하는 손 해배상청구권이 제척기간의 도과로 소멸하더라도, 입주자대표회의가 구 주 택건설촉진법 제38조 제14항, 구 공동주택관리령 제16조 제2항에 의하여 사업주체에 대하여 가지는 하자보수청구권이나 사업주체의 하자보수비용 지급채무를 보증한 대한주택보증 주식회사에 대하여 가지는 하자보수보증 채권이 그에 따라 소멸한다고 볼 수 없다."

현행 집합건물법은 제척기간이 2년, 3년 등으로 단기로 정하여져 있기 때문에 시행사에 대한 손해배상청구권이 제척기간의 도과로 소멸되는 경우가 많이 생길 수 있어 시행사에 대한 손해배상청구권 이 제척기간 도과로 인하여 소멸하였음에도 불구하고 보증인의 책 임이 소멸되지 않는다는 것은 매우 중요한 내용이다. 그렇지만 현재 보증사들이 보증약관에 보증책임을 지지 않는 경우의 하나로 제척 기간 내에 하자보수청구권을 행사하지 않은 경우를 삽입하고 있어 제척기간이 경과되면 보증인도 책임을 면할 것으로 보인다.

현 집합건물법 시행 후의 판례는 아직 보이시 않는다.

7장 채권양도

1. 아파트의 경우

　현재 아파트 하자소송은 일반적으로 구분소유자들이 입주자대표회의에게 하자로 인한 손해배상청구권을 양도하여 입주자대표회의가 원고가 되어 시행사 등에 대한 손해배상청구소송을 제기하고 있다.

　손해배상청구권의 귀속주체는 구분소유자이나 수백~수천 명의 구분소유자들이 개별적으로 이행청구를 하는 것이 현실적으로 불가능하고 누군가가 이를 취합하여 한꺼번에 행사하여야 한다.

　구분소유자 1인을 대표자로 선정하여 공동으로 이행청구를 하고 소송의 경우에도 선정당사자를 선정하여 할 수도 있으나 소송중에 구분소유자가 변경되면 소송당사자를 변경하여야 하는 등 번거로움이 있는 반면 입주자대표회의는 구분소유자들의 대표기관일 뿐만 아니라 보증인에 대한 보증금 청구는 입주자대표회의가 고유의 권한으로 할 수 있기 때문에 채권양도를 받아 양수받은 채권과 고유의 권리를 함께 행사할 수 있는 편리함도 있으며 소송중에 구분소유자가 변경되어도 소송에 영향을 미치기 않기 때문에 입주자대표회의에 채권양도를 하여 입주자대표회의가 원고가 되어 소송을 하는 것이 편리하기 때문이다.

다만 신탁법에서 소송행위를 주목적으로 하는 재산권의 이전은 무효라고 규정하고 있기 때문에 이 법조항의 저촉 여부가 문제될 수 있으나 판례는 신탁법위반이 아니라고 하였다.

판례(대법원 2009. 2. 2. 선고 2008다84229 판결)

"소송행위를 하게 하는 것을 주목적으로 채권양도가 이루어진 경우 그 채권양도가 신탁법상의 신탁에 해당하지 않는다고 하여도 '신탁법' 제7조가 유추 적용되므로 무효라고 할 것이나, 기록에 나타난 이 사건 아파트의 그 판시 각 하자보수에 갈음하는 손해배상청구권 양도의 경위·방식·시기·양도인인 구분소유자들과 양수인인 원고의 관계·하자보수의 효율성 등 여러 사정을 종합하여 보면, 구분소유자들이 원고에게 한 위 손해배상청구권의 양도는 소송행위를 하게 하는 것이 주목적이라고 보기 어렵다.

같은 취지에서 피고의 소송신탁의 항변을 배척한 원심판단은 정당하다.

이 부분 원심판결에는 상고이유에서 주장하는 바와 같은 소송신탁행위의 금지에 관한 법리오해 등의 위법이 없다."

시행사, 시공사에 대한 이행청구를 하기 위하여서도 전문적인 하자조사를 거쳐 모든 하자를 발췌하여야 하고 모든 구분소유자가 입주자대표회의에게 채권양도를 하여 입주자대표회의가 이행청구를 하여야 권리가 온전히 보전된다는 점에서도 채권양도는 필수적이다.

과거에도 1년~5년의 담보책임기간 내에 이행최고가 필요하다고 인식하여 입주자대표회의에서 연차별 하자담보책임기간이 경과하기 전에 이행최고를 하기도 하였으나 과거에는 담보책임기간이 제척기간이 아니고 단순히 하자발생기간이었으므로 이행최고는 담보책임기간 내에 하자가 발생하였다는 사실을 입증하는 하나의 증거자료 역할에 불과하였다.

그러므로 입주자 전원이 아니라 입주자대표회의가 이행최고를 하여도 입주자들이 한 것과 차이가 없었고, 더구나 판례는 구분소유자들이 건축에 관한 전문가가 아니라는 이유로 일응 몇몇 하자에 관하여 이행청구를 한 것을 보면 나머지 하자도 발생하였던 것으로 보는 것이 옳다고 하여 모든 하자에 대하여 하자발생사실을 추정하고 담보책임기간을 벗어나서 하자가 발생하였다는 사실의 입증은 피고들(시행자, 시공자, 보증인)이 하여야 한다고 판시하여 왔기 때문에 과거의 이행최고는 특별한 의미가 없었고, 설사 이행최고를 전혀 하지 않았다고 하더라도 권리가 소멸하는 것은 아니고 소송을 하는 데 아무런 지장이 없었다.

그러나 지금은 제척기간 내에 이행청구를 하지 않으면 권리는 절대적으로 소멸하는 것이고 소를 제기하거나 어떠한 청구도 할 수 없는 것이므로 과거와는 근본적으로 다른 것이다.

따라서 채권양도를 하지 않으면 자신의 전유부분뿐만 아니라 자기 지분에 해당하는 공용부분의 하자에 관하여서도 권리를 보전하거나 손해배상청구를 할 수 없게 되므로 가능한한 많은 구분소유자들이 채권양도를 하는 것이 유리하다.

채권양도는 이처럼 구분소유자들이 그들의 재산권인 하자보수에 갈음하는 손해배상청구권을 아무런 대가를 받지 않고 입주자대표회의에 양도하는 것이므로 이는 양수인인 입주자대표회의에게 구분소유자들로부터 양도받은 채권을 구분소유자들의 이익에 부합하게 성실하게 행사하여 달라는 위임의 취지가 포함되어 있다고 보아야 하고 따라서 입주자대표회의는 양도받은 채권을 양도의 취지에 부합하게 행사할 선량한 관리자의 주의의무를 부담한다고 보아야 한다.

2. 오피스텔 등의 경우

공동주택이 아닌 집합건물(오피스텔, 상가 등)은 입주자대표회의가 존재하지 않으므로 관리단에게 채권양도를 하여 시행사 등에 대한 합의나 소송을 관리단의 명의로 하는 경우가 많다.

그런데 관리단의 행위는 원칙적으로 관리단집회의 결의에 의하여야 하므로 구분소유자들로부터 양도받은 하자보수에 갈음하는 손해배상청구권의 행사에도 관리단집회의 결의가 필요한지가 문제된다.

채권양도의 성격이 위에서 본 것처럼 실질적으로 손해배상청구권 행사를 위임하는 것이므로 관리단집회의 결의가 필요없다는 견해와 관리단의 재산권의 행사이므로 관리단집회의 결의가 필요하다는 견해가 있다.

손해배상청구권은 개별 구분소유자들의 재산권이므로 채권양도를 한 구분소유자의 채권양도의 취지에 따라 행사되어야 하는 것이고 채권양도를 하지 않은 구분소유자와는 무관한 것이므로 채권양도를 하지 않은 구분소유자들까지 포함된 관리단집회의 결의에 의할 것은 아니라고 생각된다.

만약 관리단 집회의 결의가 필요하다고 한다면 채권양도를 하지 않은 구분소유자들의 의사에 의하여 관리단의 의사가 왜곡될 수 있는 것은 부적절하므로 관리단이 아닌 관리인에게 채권양도를 하거나 선정당사자를 선정하여 공동으로 소송을 진행하는 것이 타당할 것이다.

8장 소송과 합의

1. 하자소송의 필요성

아파트가 분양되고 나서 1~2년 정도는 시공자에서 하자보수반을 운영하면서 개별세대들의 하자 보수 요청을 받아 이를 보수하여 주는 것으로 보인다.

과거에는 이러한 하자보수반이 모두 철수한 이후 즉 분양 후 3~4년 정도 경과 후에 비로소 하자소송을 검토하기 시작하였기 때문에 하자소송을 하는 데 저항이 없었다고 보이는데, 이제는 2년이 경과하기 전에 권리행사를 하지 않으면 권리가 소멸하기 때문에 시공자의 하자보수를 계속 받아야 할 것인지, 소송 등 권리보전절차를 취해야 할 것인지를 선택해야 하는 문제가 대두되었다 할 수 있다.

하자로 인한 손해배상 청구소송에서의 손해배상금의 구성을 보면 대부분의 경우에 사용검사 전의 하자(미시공, 변경시공)가 60% 이상이고, 나머지 40% 미만이 사용검사 후의 하자이며, 사용검사 후의 하자 중에서도 공용부분의 하자가 전유부분의 하자의 합계보다 훨씬 더 많게 나타난다.

그런데 아파트 입주자들이 하자보수요청을 하여서 하자보수를 받을 수 있는 것은 전유부분 중 사용검사 후의 하자 중 일부이다(입주자대표회의나 관리사무소에서 공용부분의 일부를 보수요청할 수도 있을 것이나 한계가 있다).

따라서 시공자에서 입주자들의 모든 하자 주장을 성실하게 보수하여 준다고 하더라도 총 하자의 10~20%의 하자만 보수받는다는 결론이 된다.

그러므로 하자보수를 잘 받기 위하여 권리소멸을 방치하는 것은 득이 되지 않는다고 할 것이다.

하자소송이 필요한 이유는 다음과 같다.

① 하자보수

아파트에는 언제나 하자가 존재한다. 신축아파트의 경우 시공사가 초기에 하자보수반을 운영하면서 하자를 보수하는 데 1, 2년이 지나면 대부분 철수한다.

그러나 민원이 많이 발생하는 생활불편을 초래하는 하자 정도가 보수될 뿐이고 그 이후에도 많은 하자가 남아 있다.

예를 들어 외벽균열은 대표적인 사용검사 후의 하자로서 그 비중도 크기 때문에 보수가 되어야 하나 소송을 거치지 않은 채 이러한 하자가 보수되는 경우는 거의 없다.

하자진단을 하게 되면 입주자들이 미처 파악하지 못하였거나 관심이 적어 하자보수조차 요구한 적도 없는 하자가 많이 발견된다.

따라서 하자보수를 제대로 하기 위하여 이에 갈음하는 손해배상청구소송이 필요하다.

② 사용검사 전 하자에 대한 손해배상

사용검사 전 하자는 설계도면이나 법규의 요구사항을 지키지 않은 미시공, 변경시공으로서 하자보수가 불가능하고 손해배상을 받아야 하는 하자이다.

대체로 전체 하자의 60~70%를 차지한다.

따라서 시공시가 하자보수를 성실하게 하여 주고 있더라도 오히려 사용검사 전의 하자에 대한 손해배상을 받기 위하여 하자소송이 더 필요한 것이라 할 수 있다.

2. 합의

(1) 합의의 의의

입주자대표회의는 하자담보추급권의 귀속자가 아니므로 하자보수는 청구할 수 있지만 하자보수에 갈음하는 손해배상청구는 할 수 없다.

그러나 구분소유자들로부터 채권양도를 받은 후에는 시행사 등을 상대로 손해배상청구권을 행사할 수 있어 손해배상에 관한 합의나 소송을 할 수 있다.

합의는 쌍방이 자신의 주장을 일부씩 양보하여 분쟁을 조기에 종결시키는 것이므로 제대로 성립되기만 한다면 많은 비용과 시간이 소요되는 소송보다 유리할 수 있다.

그러나 하자보수에 갈음하는 손해배상청구권의 경우 합의로 종결하는 것은 많은 문제점이 있고 실질적으로 권리포기에 가까운 결과로 귀착되기가 쉽다.

(2) 합의의 형태

하자의 구성이 사용검사 전의 하자와 사용검사 후의 하자로 나뉘고 사용검사 전 하자는 보수가 불가능하기 때문에 손해배상금을 지급받아야 한다.

그러므로 합의의 내용은 사용검사 전의 하자에 대한 손해배상금의 액수에 관한 합의가 중심이 되어야 할 것이다.

그러나 시행사나 시공사가 사용검사 전의 하자에 대한 손해배상금을 현금으로 지급하는 경우는 거의 없고 손해배상을 대신하여 아파트에서 원하는 일정한 내용의 공사(이를 보통 숙원사업공사라 표현한다)를 하여 주는 것으로 대체한다.

이 숙원사업공사의 내용이 금액적으로 합당하고 제대로 지켜지기만 한다면 합의도 나쁠 것이 없겠지만 그것이 보장되기가 매우 어렵다.

우선 시공사 측에서는 대부분의 경우 사용검사 전의 하자의 존재를 부인하기 때문에 숙원사업공사의 정도를 만족스러운 내용으로 합의하기기 어렵다.

예비진단의 결과 나타난 사용검사 전의 하자보수비의 10~30% 정도가 고작인 경우가 대부분이다.

그리고 약속된 공사도 다음에서 보는 바와 같이 좋은 품질을 기대하기 어렵다.

(3) 공사를 하여 주는 합의의 문제점

합의의 내용은 하자진단에서 나타난 사용검사 후의 하자를 모두 보수하여 주고 사용검사 전의 하자에 대한 보상으로 아파트에서 원하는 숙원사업공사를 하여 주는 것으로 합의하는 경우가 대부분이다.

그런데 위와 같은 합의 내용이 만족스럽게 이행되기가 어렵다.

쌍무계약은 당사자 쌍방이 의무를 부담하고 있어 각자의 의무가 상대방의 의무이행을 강제하는 담보의 기능을 수행한다. 즉 공사의 무를 제대로 이행하지 않으면 공사대금을 지급하지 않을 것이기 때문에 공사업자는 공사대금을 지급받기 위하여 공사를 성실하게 할 수밖에 없다.

그러나 아파트 외 사공사의 위와 같은 합의는 시공사만이 의무를 부담하고 아파트에서는 아무런 의무를 부담하지 않는다. 즉 시공사로서는 하자보수공사나 숙원사업공사를 시행하여도 시공사가 공사대금을 지급받는 것이 아니기 때문에 많은 비용을 들여서 제대로 된 공사를 시행하기보다는 최소한의 눈가림식 공사를 하여 상황을 모면하려고 할 가능성이 매우 높다.

만약 위 공사를 제3자에게 맡긴다면 공사한 내역을 평가하여 만족스럽지 못하면 공사대금을 지급하지 않을 수 있으므로 공사업자는 공사대금을 지급받기 위하여 약정된 공사를 성실하게 수행할 수밖에 없는 것과 극명한 차이가 있는 것이다.

그럼에도 불구하고 아파트에서는 위 합의된 공사의 이행을 강제시킬 수 있는 아무런 수단이 없다. 고작 공사의 불이행을 이유로 하는 손해배상을 청구할 수 있을 뿐이다.

예를 들어 30억 원의 진단금액이 나왔는데, 10억 원 상당의 숙원사업공사를 하여 주는 것으로 합의하였을 때 그 합의를 지키지 않으면 10억 원의 손해배상을 청구하는 방법 외에 아무런 방법이 없다.

합의를 하지 않았으면 30억 원의 손해배상을 청구할 수 있는데, 합의를 함으로써 10억 원의 손해배상만 청구할 수 있게 된 것으로 청구가능금액만 축소된 것이다.

나아가 시공사에서 일부라도 공사를 하였다면 일부 시행한 공사를 전부 시행한 것으로 주장할 것이므로 시공사가 일부 공사만 시행했거나 약속된 품질의 공사를 하지 않았다는 점은 아파트에서 입증하여야 하고 난이도가 매우 높은 소송을 수행해야 한다.

결국 아파트에서는 시공사의 의지만큼 만의 숙원사업공사를 제공받고 만족해야 할 것이다.

(4) 일부 합의 문제

2, 3년차 하자에 관하여서만 합의를 하겠다고 하는 경우가 있다.

아파트의 입장에서는 하자담보책임기간이 임박한 2, 3년차 하자에 관하여서만 우선 합의하고 5년 무렵에 5년차 하자에 관하여, 10년 무렵에 10년차 하자에 관하여 합의나 소송을 하겠다고 시도하는 것으로 얼핏보면 모든 하자를 망라하여 합의나 소송을 할 수 있다고 생각되어 합리적으로 보일 수도 있으나 사실은 이러한 시도는 불필요하다.

5년차 하자나 10년차 하자라고 하여도 이미 대부분의 하자가 발생하고 있어 하자의 발생을 기다리기 위하여 5년 후나 10년 후까지 기다릴 필요는 없다.

그리고 만약 현재 발생하지 않은 하자가 5년 무렵이나 10년 무렵에 비로소 발생한다면(이런 경우는 거의 없지만) 그러한 하자는 여전히 합의나 소송의 대상이 될 수 있고 그 하자가 심각한 것이라면 당연히 소송을 통하여 구제받을 수 있다. 즉 후에 나타날 하자를 기다리기 위하여 현재 가능한 합의나 소송을 미룰 이유가 없다.

2, 3년차 하자는 사용검사 후의 하자로서 시공사에서 모두 보수해야 할 책임이 있는 것이고 아파트 측에서 시공사와 합의를 할 필요가 없는 것이며 시공사의 입장에서도 모든 하자를 보수하여 주는 것이라면 굳이 합의를 할 이유가 없다.

따라서 2, 3년차 하자에 관한 일부합의는 항상 사용검사 전의 하자를 포함하여 진행되고 따라서 5, 10년차 하자만 제외하고 합의를 하는 것으로 귀착된다.

그런데 하자보수에 갈음하는 손해배상청구소송에서는 자연적인 노후화 등을 이유로 준공 시로부터 감정 시까지의 기간의 경과에 따라 대략 1년에 5%씩 피고들의 책임을 경감하고 있으므로 소송시간이 늦어지면 손해배상금을 적게 받게 된다.

5, 10년차 하자는 전체 하자의 10% 정도 되는데, 책임제한까지 고려하면 손해배상금의 액수는 현저히 적어질 것이어서 많은 비용을 들여서 소송을 수행하기에는 실익이 없을 것이므로 결국 5, 10년차 하자에 관하여 시공사가 하자보수를 하여 주지 않더라도 소송을 하기는 어렵고 결국 5, 10년차 하자의 보수나 손해배상을 포기하는 결과로 귀착될 가능성이 많기 때문에 전체하자를 대상으로 하는 일반적인 합의보다도 못한 것이다.

9장 하자소송의 절차

1. 하자소송의 진행절차 개관

　① 소송결의 → ② 소장 접수 → ③ 피고 답변서 제출 → ④ 원고 준비서면 제출과 동시에 하자감정 신청(준비기일 또는 검증, 감정기일 진행) → ⑤ 감정절차 진행 → ⑥ 감정보고서 접수 → ⑦ 청구취지 변경(준비기일 진행) → ⑧ 변론기일 2~3회 진행(감정인에 대한 사실조회, 증인신문 등 진행) → ⑨ 제1심 판결선고 → ⑩ 항소 및 상고심 진행

(1) 소송결의

입주자대표회의가 원고가 되어 소송을 진행할 경우 반드시 소송

결의가 필요하다. 입주자대표회의가 구분소유자로부터 양도받은 채
권을 어떻게 처분하는지에 대한 부분이기 때문에 관리규약에 따른
정족수와 의결요건을 충족하여 '하자보수에 갈음하는 손해배상 소송
및 필요하다면 보증금 지급 청구소송을 할 것을' 대표회의에서 결의
하는 것이 필요하다.

오피스텔 등의 관리단이 원고가 되는 경우 관리단집회의 결의가
필요한지 다툼이 있다.

(2) 소장접수

통상 하자진단을 통하여 적출된 하자항목 및 하자현황을 토대로
각종 하자가 있고, 이에 대하여 피고(분양자, 시공자)가 보수의무를
이행하지 아니하였거나 제대로 이행하지 않아 하자보수에 갈음하는
손해배상청구를 한다는 내용으로 소장을 제출하고, 구체적인 증거
및 손해액의 입증은 소송과정에서 진행한다.

입주자대표회의가 구분소유자들로부터 채권양도를 받아 양수금으
로서 손해배상청구를 하는 것이므로 채권양도의 통지가 필요한데,
현재는 제척기간 준수를 위하여 소장제출 전에 채권양도통지와 이
행청구를 하기 때문에 소장에서는 채권양도통지를 할 필요가 없으
나, 소장이 제출된 이후에 추가로 채권양도가 이루어지면 준비서면
제출 등으로 추가적인 채권양도의 통지와 이행청구를 하여야 한다.

(3) 소장의 송달 및 답변서의 제출

법원은 소장 접수 후 통상 2주 이내에 피고 측에 소장을 송달한
다(사건입력, 재판부배당 등에 약 2주 간의 시간이 소요됨).

법원은 소장이 송달되면 수령 후 30일 이내에 통상 원고주장에

대해 답변을 할 것을 피고 측에 명하고 피고측은 원고의 소장에 대한 답변서를 제출하는데, 그 내용은 하자의 존부 및 범위를 다투는 내용으로서 원고의 청구가 인용되어서는 안된다는 답변 등일 것이다.

(4) 감정신청

아파트 하자사건의 가장 중요한 절차는 하자감정절차다. 하자의 인정 여부와 하자보수비용의 책정이 이 단계에서 이뤄지고 감정절차에 큰 문제가 없는 한 판결내용은 감정보고서를 거의 따라가기 때문이다. 하자 감정은 원고의 감정신청 – 재판부의 감정인 지정과 감정료 내역서 제출 – 감정료 납부 – (현장검증 및) 감정기일 진행 – 감정인의 도면분석 – 감정인의 현장조사 – 감정보고서 작성 및 제출의 순으로 진행된다.

과거에는 재판부가 아파트에 나와 하자 내용을 육안으로 확인하는 현장검증을 하는 경우도 있었으나 최근에는 대부분 이 절차를 생략하고 있다.

하자사건의 소송비용 중 거의 90% 이상을 차지하는 것이 하자감정 비용인데 통상 세대당 8~10만 원 정도를 기준으로 책정되지만 감정인이나 재판부에 따라 증감되기도 한다. 최근에는 감정료 견적을 복수로 받아 그 중 원·피고의 의견을 들어 감정인을 지정하므로 경쟁에 의하여 감정료가 다소 낮아지는 경향이 있다.

(5) 감정보완신청

감정보고서가 제출되면 원·피고나 재판부는 감정내용에 대한 이의제기나 보완을 위하여 감정인에게 사실조회를 하고 감정인의 사실조회에 대한 답변으로 감정내용을 수정·보완하여 재판을 진행한다. 피고 측의 이의제기가 많아지면서 2~3회씩 사실조회를 하는 경우가 많아지고 있다.

(6) 변론 및 판결

감정보완절차까지 완료되면 원·피고는 종합적인 준비서면을 제출하게 되고 변론을 거쳐 판결이 선고된다.

10장 기타 문제

1. 하자진단(예비감정)

아파트에 하자가 있다는 이유로 손해배상을 청구하기 위하여서는 아파트에 어떠한 하자가 있는지 구체적으로 적시하여야 한다.

감정신청도 하자진단(예비감정)을 기초로 하게 되고 감정인은 감정신청사항에 포함된 감정항목과 세대수 등을 보고 예상감정료의 견적을 내고 또 감정신청된 항목에 대하여서만 감정을 하게 되므로 하자진단(예비감정)은 필수적이다.

하자진단(예비감정)은 하자항목을 찾아내는 것이 목적이므로 하자보수비의 산정은 반드시 필요한 것은 아니나 법원 감정인의 감정에 대하여 잘잘못을 가릴 수 있는 기초자료로 삼기 위하여 금액도 산정하는 것이 보통이다.

다만 하자진단(예비감정) 금액은 최대한으로 산정하기 때문에 법원감정인의 감정금액과는 차이가 있을 수 있다.

법원감정인은 감정 시에 모든 세대에 관하여 전수조사를 하여야 하나, 하자진단의 경우 보통은 전수조사를 하지 않고 샘플조사를 한다.

전수조사를 하는 경우 비용과 시간이 몇 배나 들뿐만 아니라 전수조사가 반드시 필요한 것은 아니기 때문이다.

감정의 목적이 하자를 적출하여 이를 주장하고 감정을 신청하는 것에 있으므로 반드시 모든 세대에 관하여 전수조사를 할 필요는 없고 샘플조사를 하여 하자가 발견되면 모든 세대에 관하여 하자가 있는 것으로 추정하고 감정인이 감정시에 이를 확인하면 되기 때문이다.

즉 **하자진단(예비감정)의 경우 하자의 최대치를 확인하는 것이 목적이므로** 공용부분은 전수조사를 하나 전유부분은 몇몇 세대를 표본조사를 하여 하자항목을 적출하고 세대에 설문조사를 하여 표본조사 시에 누락된 하자가 있으면 이를 추가하여 감정신청을 하는 방법을 채택하고 있고 이로써 충분하다.

2. 판결금의 사용 및 분배

시행자나 시공자로부터 지급받은 손해배상금은 전유부분은 물론 공용부분에 관한 것도 입주자의 재산권으로서 변호사 보수 기타 소송비용을 공제한 나머지는 입주자대표회의의 결의로서 자유로이 사용할 수 있다.

그러나 전유부분은 하자의 내용에 따라 각 세대별로 다르게 산정되어 있으므로 보통은 전유부분에 관한 손해배상금은 세대에 분배

하고 공용부분에 대한 손해배상금은 공용부분의 하자보수에 사용하고 있다.

공동주택관리법은 입주자대표회의가 보증사로부터 보증금을 지급받는 경우 이를 하자보수의 용도로만 사용하여야 하고 그 사용에 관하여 감독관청에 신고하여야 하는 것으로 규정하고 있다.

그러나 시행자나 시공자에 대한 손해배상청구와 보증금청구가 병합되이 있으년 보증금청구도 손해배상청구와 동일하기 때문에(보증인으로부터 지급받은 금액은 시행자나 시공자로부터 중복으로 지급받을 수 없고, 보증인은 돈을 지급하면 시공자에게 구상청구를 하므로 결국 보증인으로부터 지급받은 금액도 시행자나 시공자로부터 손해배상을 받은 것과 차이가 없다) 시행자나 시공자로부터 지급받은 손해배상금과 구별하지 않고 분배되어도 무방하다고 할 것이다.

다만 보증금 중에는 소송에 참여하지 않은 세대(채권양도를 하지 않은 세대)의 몫도 포함되어 있어(이는 보증사의 단독책임부분으로 표시된다) 이는 위 공동주택관리법의 제한에 따라 사용하여야 함을 주의하여야 한다.

아파트 하자소송의 쟁점

- 2023년, 2024년 한국아파트신문에 게재한 컬럼 및 인터뷰 -

'영끌' 내 아파트에 하자? 대법원 하자 인정 근거를 보니…

최근 한국토지주택공사(LH)의 아파트의 지하주차장이 붕괴하는 사고가 일어났고, 일부 아파트 주차장에서 철근이 누락된 사실이 잇달아 밝혀졌다. 시공사들은 철근은 누락됐지만 구조 안정성에는 문제가 없다는 입장이다. 정부는 건설주체들의 위법행위에 대해 행정적, 형사적 조치를 강력히 시행하겠다고 밝혔다.

철근 누락 같은 극단적인 경우가 아니라도 아파트 입주민들이 하자 문제로 불안해하는 경우가 많다. 아파트 욕실 타일에 금이 가거나 폭우 때 거실과 방의 천장과 외벽에 누수가 발생하기도 한다. 창호에 결로가 발생하고 홈네트워크 시스템은 제대로 작동하지 않는다.

입주하기 전 멋지게 완공된 겉모습으로는 확인되지 않았고 확인할 수도 없었던 사안들이 입주하고 난 뒤 연일 터져 나오는 것이다. 관리사무소에 문의했더니 "다른 집도 하자 접수를 많이 하는데 제대로 처리되고 있지 않는다"는 답변이다. '영혼까지 끌어모아' 산 집인데 불량품을 웃돈 주고 산 것 같은 억울한 기분이다.

모두 아파트 하자의 사례들이다. 하자란 흠이 있다는 것으로 목적물이 그 대가로 지급한 것만큼의 가치를 갖지 못한다는 것을 의미한다. 만일 하나에 10원짜리를 10개 샀는데, 8개만 공급됐다면 2개가 부족해 100원이 아니라 80원의 가치밖에 받지 못한 것이다. 이때 2개를 더 공급받으면 되는데 만약 같은 물건이 없다면 20원을 돌려받아야 한다. 전자가 하자보수를 받는 것이고, 후자는 하자보수를 할 수 없는 사안에 금전으로 손해배상을 받는 것이다.

이를 위해 건설사에 하자보수 신청을 하거나 분양자(시행사)·시공사를 대상으로 아파트 하자 소송을 진행하게 된다. 하자보수 신청을 했는데 제대로 처리되지 않았거나 하자가 맞는지 다툼이 있는 경우, 또는 하자임에도 불구하고 이미 완공된 건물의 보수가 불가능하거나 현저하게 어려운 경우에는 손해배상을 받기 위해 소송에 나서야 한다.

우리 주택법과 집합건물법에서 아파트의 하자담보책임을 규정하고 있다. 특히 집합건물을 분양받은 것은 건설사가 분양계약대로 건물을 건축할 의무를 부담하는 도급계약과 같이 취급해 수분양자를 두텁게 보호하고 있다.

대법원은 "건축물의 하자라고 함은 일반적으로 완성된 건축물에 공사계약에서 정한 내용과 다른 구조적·기능적 결함이 있거나 거래관념상 통상 갖춰야 할 품질을 제대로 갖추고 있지 않은 것"으로 본다.

이어 "하자 여부는 당사자 사이의 계약 내용, 해당 건축물이 설계도대로 건축됐는지 여부, 건축 관련 법령에서 정한 기준에 적합한지 여부 등 여러 사정을 종합적으로 고려해 판단돼야 한다"고 판시하고 있다.

즉, 아파트가 균열, 처짐, 뒤틀림 등 없이 건축물로서의 일반적인 기능을 가질 뿐 아니라 법령에서 정한 기준에 적합하고 분양광고 당시의 품질을 갖출 것을 기대하고 분양대금을 지급한 것이므로 이를 갖추지 못하면 하자가 된다.

개인이 느끼는 생활상의 불편한 점을 넘어서서 수십 년이 지나도 튼튼하고 안전하게 지낼 수 있는 건축물의 일반적인 기능까지도 모두 검토해 하자로 인정한다는 말이다.

실제로 하자소송을 진행하게 되면 건축물의 대지조성공사, 철근 콘크리트공사, 철골공사, 조적공사(벽돌공사) 같은 건축구조물 공사에

서부터 창호, 마감, 조경, 온돌, 전기 및 전력설비공사, 통신·신호 및 방재설비, 지능형 홈네트워크 설비 공사 등 세대 내 직접적 편의 시설에 이른 공사까지 모든 공사를 검토해서 하자 여부를 판단하게 된다.

본격적인 소송을 하기 전에 어떤 것이 아파트 하자인지를 구분하기는 쉽지 않다. 그렇더라도 아파트에서 입주민은 생활하면서 거듭되는 불편함과 안전에 대한 불안이 하자로 접수돼 원활하게 처리가 되는지 잘 살펴볼 필요가 있다. 또 이렇게 접수했으나 처리가 되지 않아 막연히 불편을 유지하고 살거나 자비로 보수하고 어떤 보상도 받을 수 없는 상황에 빠지지 않도록 해야 한다.

입대의 하자소송 시 채권양도 해줘야 배상금 받는다?

"우리 아파트에 새로 구성된 입주자대표회의가 하자소송을 진행한다면서 각 세대에 채권양도를 하라고 하네요. 해줘도 괜찮은 걸까요?"

한 지인이 최근 이런 질문을 했다. 입대의 측이 '아파트 하자소송을 하면 하자도 보수하고 세대별로 손해배상금도 받을 수 있다'고 안내하면서 채권양도를 하라고 한다는 것. 지인은 아파트에 대한 내 권리를 무작정 타인에게 양도하는 것 같아 석연치 않다고 했다. 이렇게까지 해가면서 하자소송에 참여해야 하는지, 개인적으로 내 하자만 보수받을 수는 없는지, 여러 가지 생각이 든다고 말했다.

채권양도를 해줘도 괜찮은 걸까. 먼저 아파트 하자소송에 대한 이해가 필요하다. 구 주택법 및 공동주택관리법에서는 (하자)보수청구권자를 입주자, 입대의, 관리주체, 관리단으로 포괄적으로 규정해 하자보수청구를 효율적으로 할 수 있도록 했다. 그러나 집합건물법 제9조에 따른 하자보수에 갈음하는 손해배상청구권은 특별한 사정이 없는 한 집합건물의 수분양자 내지는 현재의 구분소유자에게 귀속하는 것으로 규정하고 있다.

즉 아파트에 하자가 발생하면 입대의, 관리단 등이 건설회사에 하자를 보수해 줄 것을 청구하는 것은 가능하다. 하지만 보수가 어려운 부분에 대해 금전으로 보상을 하라고 청구하는 것은 아파트의 소유자만이 가능하다. 아파트 하자소송은 하자보수가 불가능한 하자로 인해 건물의 가치가 하락한 손해에 대해서까지 보상을 청구하는 것이다. 원칙적으로는 아파트 소유자들이 원고가 돼야 한다.

그러나 복잡한 건설분쟁인 아파트 하자소송은 아파트에 하자가 발생해 손해를 입었다는 점을 원고가 입증해야 한다. 이를 각 아파트 소유자가 개별적으로 시행사, 건설회사 등을 상대로 이와 같은 소송을 진행하는 것은 비용적인 면에서나 기술적인 면에서 어렵다.

또한 아파트 소유자들이 개별적으로 시행사, 건설회사 등을 상대로 소송하거나 수백, 수천 세대가 모여 함께 소송의 모든 과정을 진행하는 것은 현실적으로 불가능하다. 그러므로 소송의 편의상 소유자 개개인이 원고가 돼 소송을 제기하지 않고 소유자들이 입대의에 아파트 하자로 인한 손해배상청구권을 양도해 입대의가 소송을 수행하는 방식을 취하고 있다.

입주자(아파트 소유자)들이 갖고 있는 손해배상채권을 하자보수소송을 진행하기 위해 불가피하게 채권양도 절차를 진행해야 한다. 채권양도를 했다고 해서 추후 건설회사 등으로부터 판결금을 받게 될 경우 그 판결금의 처분권한까지 입대의에 양도하는 것은 아니다. 채권양도를 받은 입대의는 양도받은 채권과 이를 행사해서 지급받은 손해배상금을 구분소유자를 위해 행사하고 사용해야 하는 선량한 관리자의 주의의무를 부담한다.

실제로 하자보수소송을 통해 판결금을 수령한 대다수 아파트는 전유부분에 대한 판결금은 세대별로 소유자에게 지급한다. 그리고 아파트 공용부분에 대한 판결금은 아파트 관리규약에 따라 공용부분 하자보수공사비로 사용하고 있다. 또 한 가지, 채권양도를 하지 않으면 소송에 참여할 수 없으므로 채권양도를 하지 않은 세대는 전유부분에 대한 손해배상금을 받을 수 없다.

또한 공용부분에 대한 손해배상금도 전체 채권양도 비율에 따라 결정된다. 따라서 아파트의 채권양도 비율이 높을수록 아파트는 시행사 및 건설회사로부터 손해배상금을 더 많이 지급받을 수 있다. 결론적으로 채권양도는 소송을 위해 필수적인 절차이며 내 권리를 보전받기 위한 절차다. 입주민들이 중론을 모아 소송을 진행하기로 마음을 먹었다면 적극적으로 참여하는 것이 바람직하다.

그렇다면 굳이 이러한 절차를 거치면서 소송을 진행해야만 할까. 내 아파트 하자부분만 빨리 보수받고 끝낼 수는 없을까. 그러기는 쉽지 않다. 입주민은 분양공급계약에 따라 시행사에 돈을 이미 지급하고 아파트를 인도받아 서로의 의무가 끝난 상태에서 하자보수를 요청하는 것이므로 하자임을 입증하는 일은 입주민이 해야 한다.

입주민은 건설회사가 아파트 CS팀을 철수시키지 않고 각 세대의 의견을 모두 청취하고 성의있게 보수해주길 기대할 것이다. 하지만 세상의 모든 분쟁이 그렇듯이 서로의 이해관계가 첨예하게 갈린다. 입주민 개인이 하자보수를 청구하는 것도 쉬운 일이 아니며 더구나 손해를 입증해 배상까지 받아내는 건 사실상 불가능에 가깝다. 결국 아파트 입주민들이 힘을 합칠 필요가 있다. 건설회사를 상대로 요구사항을 관철할 힘을 키워야 하는 것이다.

우리 아파트 방수공사 제대로 된 걸까, 누수 피해 보상은?

올해는 유난히 비가 잦았다. 비가 억수 같이 쏟아진 뒤에 많은 아파트에서 중요한 하자가 드러나기도 한다. 누수와 습기로 인한 피해다. 아파트 발코니로 빗물이 스며들어 와 살림살이가 다 젖는다면? 지하주차장에 물이 흥건해서 차량이 피해를 입게 된다면? 생각만 해도 아찔하다.

누수와 습기는 비단 영화 '기생충'의 반지하 주택에서만 발생하는 문제가 아니다. 고급 주상복합아파트에서도 종종 발생한다. 이는 아파트의 방수공사가 제대로 마무리되지 않아 발생하는 피해라 할 수 있다. 아파트와 같은 철근 콘크리트 건물에는 시멘트 액체방수가 주로 적용된다. 방수제를 물에 타서 섞은 다음 이를 시멘트 또는 시멘트와 모래를 물로 반죽한 모르타르에 섞어 방수 처리하는 것을 말한다.

액체방수는 습기나 물의 침입으로부터 콘크리트 구조체를 보호하는 기능을 수행한다. 물을 많이 사용하고 물에 노출돼 있어 방수가 중요한 부분에 이런 공사를 한다. 아파트 공용 지하 PIT 바닥 및 벽체, 지하주차장 또는 램프 바닥 같은 곳이다. 외벽, 전기실, 저수조 및 부속실, 전유 세대 욕실 바닥, 발코니 등도 마찬가지다.

방수성능을 유지하기 위해서는 일정 두께 이상의 액체방수가 시공돼야 한다. 공사과정은 이렇다. 먼저 방수공사를 할 바탕면을 정리하고 물청소한다. 방수시멘트를 바르고 방수액을 침투시킨다. 그 위에 방수모르타르를 덧바른다. 바닥과 벽체 등에 위 과정을 반복하면서 겹겹이 방수시멘트와 방수모르타르를 바른다. 이렇게 하면 해당 부분의 방수공사가 일정 두께 이상에 도달하면 방수성능을 충족하게 된다.

방수공사의 기준은 어떨까. 건축공사를 하기 위해서 건축 구조물에 필요한 시공방법이나 공사 기술과 같은 내용을 기록해 공사 작업의 표준이 되는 문서가 있다. 이를 건축공사표준시방서라고 한다. 여기에 방수공사의 공정이 기재돼 있다. 앞서 말한 방수공사를 시공 순서에 따라 두께를 계산하면 1종 방수는 16㎜, 2종 방수는 9㎜는 돼야 한다.

문제는 상당수의 아파트에서 이같이 번거롭고 겉으로 봤을 때 시공 여부를 판단할 수 없는 방수공사는 슬쩍 빼버리고 진행하지 않는 경우도 있다. 혹은 두께 기준에 충족하지 못한 경우가 많다. 당장은 표시가 나지 않을지 모르지만 시간이 지나 방수층이 옅어지면서 문제가 발생한다. 그래서 발코니와 욕실 등의 누수로 인해 아래, 윗집 간 갈등이 생기기도 한다. 집중호우기간 지하층으로 많은 양의 물이 침투해 지하주차장 침수 피해가 발생하기도 한다.

이러한 피해가 아파트 하자임을 입증해 피해를 보상받기도 쉽지는 않다. 규정을 살펴보자. 1999년 건축공사 표준시방서가 개정돼 액체방수층 방수공정별 두께 기준이 삭제되고 성능기준으로 변경됐다. 방수공사 시 공정에 따라 일정 두께 이상을 확보하도록 명시한 부분이 삭제된 것이다. 또 2013년도 건축공사 표준시방서에는 '액체방수층은 부착강도 측정이 가능하도록 최소 4㎜ 두께 이상을 표준으로 한다'는 규정이 신설됐다.

바로 이 부분의 해석에서 아파트 측과 건설사 측이 엇갈린다. 건설사들은 2013년도 표준시방서에서 요구하는 최소 4㎜ 두께를 기준으로 하자보수비를 산정하는 것이 타당하고, 실제로 액체방수층이 4㎜ 이상이면 하자가 아니라고 주장하는 것이다. 건설사들이 건축공사 표준시방서상 유일하게 방수층 두께로 기재된 4㎜를 자신들에게 유리하게 해석하는 것이다.

아파트 측에서는 위 건축공사 표준시방서의 4㎜ 기준은 방수층의 부착강도 등을 측정하기 위한 두께일 뿐이고 하자보수비 산정의 기준이 될 수 없음을 주장한다. 그러면서 방수기능을 충족하기 위해 표준시방서에 기재된 공정대로 시공해 일정한 두께를 확보할 것을 주장한다.

방수공사는 건물의 기능을 완전하게 충족하기 위한 중요한 공사인데도 미시공, 변경시공으로 자주 문제가 된다. 겉으로 드러나지 않아 간과하기 쉽지만 하자분쟁 시 건설회사와 아파트의 입장이 갈리는 주요 하자다. 아울러 생활상 직접적인 불편을 방지하기 위한 필수적인 공사인 만큼 반드시 점검해야 하는 부분이다.

'미시공, 오시공, 변경시공' 눈에 안 보이는 하자 더 심각

아파트 하자와 관련된 최근 기사를 보자. 경기도의 신축 아파트 공사와 관련된 내부고발이 있었다. 조사해 보니 건물 공사는 60% 이상 진행됐는데, 기둥과 기둥 사이에 들어가는 보강용 철근을 덜 넣은 것이 확인됐다고 한다. 시공사 측은 건물 안전에는 문제가 없다고 주장했다. 입주한 새 아파트에서 문제가 생긴 곳도 있다. 새 아파트에서 철근 다발과 활처럼 휘어진 녹슨 철근이 외벽 밖으로 튀어나왔다는 것이다. 이곳 역시 시공사들은 공사를 마무리하면서 빼야 하는 자투리 철근이 튀어나온 것이라며 안전에는 문제가 없다는 입장이다.

이러한 아파트에 사는 입주민들은 어떤 심정일까. 생활의 근간인 우리 집이 과연 안전한가에 대한 불안감이 든다. 위의 사례와 같이 철근 부족 혹은 불량철근이 들어가는 것은 다소 극단적인 형태의 미시공 혹은 변경시공이라 할 것이다.

아파트 하자소송을 진행해 보면 우리가 직접 눈으로 '잘못됐다'고 알 수 있는 하자는 사실상 그 비율이 적은 편이다. 전체 하자의 절반 이상은 눈으로 확인할 수 없는 부분에 대한 하자가 주를 이룬다. 대표적인 것이 바로 미시공, 오시공, 변경시공이다.

아파트의 하자는 크게 나누면 사용검사 전 하자와 사용검사 후 하자가 있다. 사용검사란 건축물의 완공 이후에 건물을 사용·수익할 수 있도록 관할청에서 승인하는 절차를 말한다.

주택법과 공동주택관리법에서는 건물을 사용해도 좋다는 승인이 난 이후에 발견된 하자에 관해 특별히 규정하고 있다. 시공사는 대통령령으로 정하는 바에 따라 하자보수를 보장하기 위해 하자보수보증금을 담보책임기간 동안 예치하도록 규정하고 있다.

반면 구분소유자들에게는 사용승인 이후에 발생하는 하자에 관해서는 항목을 정해 일정한 기간 내에 권리를 행사해야만 구제받을 수 있도록 규정하고 있다. 이러한 하자들은 보수가 가능하고 시행사·시공사는 문제가 발생했다면 보수를 해줘야 한다. 또 입주민들은 권리를 상실하기 전에 보수청구를 해야만 권리를 구제받을 수 있다.

대개 아파트 현장에서 시공사와 입주민들이 다투는 부분은 이 사용검사 후의 하자를 말하는 경우가 많다. 법령에서 규정한 △도배·타일 등 마감 공사(2년차 하자), △조경·창호 공사(3년차), △방수·조적·철골 공사(5년차), △주요 구조부·지반 공사(10년차) 등이다.

예를 들어 '입주했더니 타일에 금이 가 있다', '방문이 제대로 닫히지 않는다', '결로가 생겨서 곰팡이가 생긴다' 같은 하자다. 입주민이 보기에도 기능상 안정상 지장을 초래하는 것 같고 불편을 인지하는 하자다. 그러니 이런 하자들이 중대하고 대표적인 하자라고 인식되기 쉽다. 그러나 하자소송을 진행해보면 위의 하자들은 아파트 하자의 30~40% 정도에 그친다.

더 큰 부분이 바로 사용검사 전 하자다. 법령에 세부적인 규정이 없으며 하자보수의무가 규정돼 있지 않지만 명백히 하자에 해당하는 경우다. 철근 부족이나 액체방수 두께 부족 등이 여기에 해당한다.

최근 이런 하자들이 언론에 보도되면서 문제의식이 생기고 있다. 위의 사용검사 전 하자는 대부분 보수가 불가능하므로 소송을 통해 손해에 관해 금전적으로 보상을 받아야 한다. 또한 이러한 하자에 대한 손해배상도 5년 안에 권리를 행사해야 권리가 보전된다.

복잡하고 시간이 소요되는 소송을 피하고 눈에 보이는 사용검사 후 하자에만 집중해 분쟁을 끝낸다면 잘못이다. 우리가 값이 비싼

정품을 사는 이유는 물건이 제값을 할 것을 기대하고 기꺼이 그 비용을 지불하는 것이다. 겉으로 보이는 외면은 정품과 유사한데 오래도록 사용해보니 내구성이 떨어지고 점점 기대에 못 미치는 제품을 제값을 주고 산 것이라면 억울할 일이다. 우리가 눈으로 확인할 수 없지만 건물의 내구성과 안전에 지대한 영향을 미치는 사용검사 전 하자에 더 주의를 기울여야 한다.

아파트 하자소송 중 긴급보수 하려면 '이것'부터 해야

아파트 하자소송은 시간이 소요된다. 소송 기간에 긴급보수를 하면 하자의 증거를 없애는 것 같고, 소송이 끝날 때까지 놔두자니 불편한 상황이다. 하자소송 중에는 하자보수를 하면 안 될까.

올여름에 있었던 사례다. 올해는 유난히 장마가 길었다. 한 달 이상이나 지속되는 장마 기간에 생각지도 못한 누수가 발생하는 경우가 있다. 아파트 누수는 다양한 양상으로 나타난다. 창호로부터 외부의 빗물이 들어오는 경우도 있고, 외벽으로부터 물이 새 나와 벽지가 모두 젖어 곰팡이가 생기기도 한다. 욕실, 주방 등에서 물이 새는 경우도 있다. 대량의 물에 노출되는 장마철에는 특히 누수가 발생하기 쉬운데 누수가 일어나면 생활에 불편한 부분이 이만저만이 아니다.

그런데 우리 아파트는 현재 하자소송 진행 중이다. 소송이 끝난 뒤 판결금을 수령해 보수하자니 시간이 소요돼 벽지 및 내부가 손상되는 등 계속된 피해가 예상된다. 이런 경우 어떻게 해결하는 것이 좋을까.

누수뿐만 아니라 긴급한 하자의 경우에는 불편함을 감내하는 것보다 먼저 선보수를 실행해 계속되는 피해를 막을 수 있다. 하자보수업체가 현장 사진, 견적서, 영수증 등의 증거를 충분히 확보한 채 선보수를 하게 한다. 이후 이를 법원 감정단계에서 반영해 소정의 보수비를 인정받을 수 있도록 조치해야 한다.

감정인 및 재판부에서는 자체적으로 선보수한 하자에 대해 시공사가 손해배상 책임을 져야 하는 시공상 하자인지 여부, 보수비가 적정한지 여부, 담보책임기간 내 발생한 하자인지 여부를 선보수비의 인정요건으로 보고 있다. 따라서 이러한 근거 자료들을 잘 확보했는지에 따라 선보수비 인정 여부가 달라질 수 있다.

자체적으로 보수업체를 선정할 때 위의 요건에 맞춰서 근거 자료를 확보할 수 있는지가 의심스럽다면 분양자 및 시공사에 직접 긴급보수요청을 할 수도 있다. 대부분의 분양자 및 시공사는 소송 진행 중이라는 이유로 하자보수를 기피할 여지도 있다. 그러나 감정인 현장조사 전에 보수가 완료된 하자는 감정인 현장 조사 시 하자에서 제외될 것이기 때문에 반드시 하자보수를 중단해야 할 이유는 없다.

즉, 분양자 및 시공사에서 긴급보수를 한 부분은 어차피 법원감정단계에서 하자항목에서 제외돼 이 부분에 대한 분양자 및 시공사는 손해배상의무에서 벗어나게 되는 것이다. 그러므로 분양자 및 시공사의 입장에서도 시공상 하자가 분명하다면 소송 중이라도 보수를 하는 것이 더 나은 경우도 있다.

소송 중이라도 하자보수의무자인 분양자와 시공사로부터 보수를 받거나 혹은 분양자와 시공사가 보수를 해 주지 않아 자체적으로 보수업체를 선정해 보수를 할 때도 마찬가지다. 분양자와 시공사에게 일단 보수 청구를 하는 것이 증거를 확보하기 위해서도 필요한 경우도 있다.

간혹 분양사와 시공사에 소송 중에 하자보수를 요구하면 특히 각 세대 전유부분 하자를 보수해 주는 조건으로 하자보수에 갈음하는 손해배상청구 사건의 채권양도철회를 요구하는 경우가 있다. 이때 주의해야 한다.

소송에서 청구하고 있는 하자보수금은 전유부분뿐 아니라 공용부분 중 전유세대의 지분에 해당하는 하자보수금 및 전유부분 중에서도 보수가 불가능한 하자(미시공 등 사용검사 전 하자)가 포함돼 있다.

그러므로 무분별하게 채권양도 철회를 한다면 전유부분 사용검사 후 하자를 보수받기 위해 나머지 하자보수청구 권리까지 모두 포기하게 되는 것이다. 그러므로 보수의 대상이 된 하자에 대한 보수 내지는 해당 부분에 관한 손해배상청구권만을 포기하는 것으로 하자보수의무자와 조율해야 한다.

뜻하지 않게 대규모의 보수공사가 필요할 경우 전문가의 협조를 받아 보수업체를 입찰을 통해 미리 선정해 놓은 후 판결금이 회수될 때 보수비를 지급하는 방법 등의 합리적인 대안을 모색해야 한다.

이처럼 소송 중이라도 긴급한 하자에 관해서는 구제방법이 있으므로 분양사와 시공사를 대상으로 가장 합리적이고 최적의 하자보수 및 손해배상 방법을 모색하는 것이 현명하다.

복잡한 아파트 하자소송, 제대로 진행하려면

"우리 아파트는 하자가 제대로 처리되지 않고 있다. 인근의 옆 단지는 소송을 시작했다. 우리 아파트도 소송을 검토해 보고 있다. 그런데 과연 소송을 시작하고 최종 판결까지 얼마나 걸리는가. 입주민들은 어떤 불편을 감수해야 하는가."

최근 입주한 아파트의 입주민들이 이런 질문을 많이 한다.

먼저 아파트 하자소송의 절차를 살펴봐야 한다. 아파트 하자소송은 일반적인 민사소송 절차와 같이 소장 접수로 시작된다. 소장 접수 전 아파트 측에서는 입주민들의 채권양도 절차를 거치고 입주민들의 채권을 양도받은 입주자대표회의가 원고가 된다. 원고가 된 입대의는 우리 아파트에 하자가 있음에도 피고(분양자, 시공자)가 보수의무를 이행하지 않았거나 제대로 하지 않아 하자보수에 갈음하는 손해배상청구를 한다는 내용으로 소장을 제출한다.

또한 통상 소송을 시작하기 전 우리 아파트에 얼마나 많은 하자가 있는지 파악해야 한다. 이를 위해 하자 예비진단을 한다. 이를 통해 적출된 하자항목별 하자현황을 토대로 소장을 작성한다.

우리 아파트의 하자에 대한 구체적인 증거 및 손해액의 입증은 소송 과정에서 진행한다. 피고인 시행사 및 건설사(분양자 및 시공자)의 답변서가 제출되면 본격적으로 하자소송의 가장 중요한 절차인 감정 절차가 시작된다.

법원에서 지정한 객관적인 감정인이 아파트 하자를 감정한다. 감정인은 모든 하자현장을 조사하고 난 후 수백 쪽에 달하는 감정보고서를 법원에 제출한다. 감정인의 보고서를 토대로 원고와 피고 간

2~3회 이상의 공방을 벌이게 되고 이후 법원의 판결이 있게 된다. 통상적으로 소장 접수 시부터 제1심 판결선고일까지 1년에서 2년 정도의 기간이 소요된다. 물론 아파트의 규모나 특히 문제되는 하자에 대한 다툼이 심한 정도에 따라 가감될 수 있다.

아파트 하자 사건의 가장 중요한 절차는 바로 하자 감정 절차다. 법원에서는 감정 절차에 특별한 문제가 없는 한 원고가 주장하는 항목이 하자로 인정되는지 여부 및 하자로 인정된다면 손해배상금의 액수 등을 감정인의 보고서를 토대로 결정하기 때문이다.

감정은 원고의 감정신청 → 법원의 감정인 지정과 감정료 내역서 제출 → 감정료 납부 → 감정인의 도면 분석 → 감정인의 (아파트) 현장조사 → 감정보고서 작성 및 제출의 순으로 진행된다. 법원 감정인은 아파트 공용부분에 관해서는 당연히 조사하는 것이고, 세대별 전유부분에 관해서도 하자 있는 모든 세대를 조사하는 전수조사를 한다. 그 이유는 모든 하자에 대해 이를 직접 확인해야 정확한 감정이라 할 수 있기 때문이다.

하자 항목에 따라 샘플조사를 하는 경우도 있다. 아파트의 경우 동일한 시공자가 동일한 시기에 건축하기 때문에 적어도 미시공, 변경시공은 모든 아파트에 공통적인 하자가 된다.

예를 들어 욕실 등 타일이 시공된 부분에 타일 부착강도 부족의 의심이 있을 때는 이를 시험해 보거나 타일 뒤채움(유기질 접착제, 시멘트와 모르타르 등) 부족 여부를 검사해 기준에 미달하는 경우 하자로 인정할 수 있다. 그러나 이미 준공돼 입주민들이 거주하고 있는 상황에서 모든 세대의 타일을 뜯어내어 부착강도를 시험하는 것은 현실상 불가능한 것이다. 그러므로 하자소송 통례상 위와 같은 항목은 샘플 세대를 선정해 시험하고 이를 전체에 적용하는 방법을 인정하고 있다.

이처럼 하자 조사를 위해 법원 감정인이 아파트의 공용부분과 전유부분을 전수조사해 보고서를 작성하는 만큼 하자소송은 다른 소송보다는 기본적으로 시일이 소요될 수밖에 없다. 또한 각 세대에 감정인이 방문하고 또 샘플세대로 선정되면 조사를 위해 하자부분을 일부 뜯어내는 파괴조사를 실시하기에 번거로울 수 있다.

그래도 위와 같은 절차를 거쳐야만 공정하고 객관적인 자료를 확보할 수 있다. 또한 이를 토대로 분양자와 시공자를 상대로 명확한 하자대상을 밝히고 법원의 판결을 끌어낼 수 있다. 즉, 감정은 하자를 확실하게 해결하기 위한 절차임을 상기해야 한다.

하자 소송보다 합의가 유의할 점 많다

대부분의 아파트가 분양 이후 하자보수반(CS센터)을 운영한다. 각 세대의 하자보수 요청을 받아 보수를 해주기 위한 것이다. 이때 입주민들과 시공사 사이에 분쟁이 발생하기 쉽다. 보수가 제때 이뤄지지 않거나 해당 부분이 보수 대상인지 견해가 엇갈리기 때문이다. 이 경우 입주민들은 통상 소송을 준비한다. 시공사는 소송은 절차가 복잡하고 시간이 많이 걸린다면서 합의를 제안하는 경우가 있다.

하자보수 합의는 시공사 측이 입주민들이 원하는 부분을 보수해 주고 향후 쌍방이 소송으로 나아가지 않도록 하는 해결 방법이다. 합의는 양측이 의사 합치만 이뤄지면 그 즉시 효력을 가지므로 소송보다 시간 소요가 적다. 입주민은 빠르게 문제를 해결할 수 있지 않을까 기대한다. 그래서 시공사 측의 제안을 받아들이거나 입주민 측에서 먼저 합의를 모색하기도 한다. 그러나 합의로 분쟁을 해결할 때는 다음과 같은 부분에 주의를 기울여야 한다.

먼저 합의의 대상이다. 하자소송에서 손해배상청구의 대상이 되는 하자는 사용 검사 후의 하자와 사용 검사 전의 하자로 나뉜다. 사용 검사 후의 하자는 공사상의 잘못으로 균열, 뒤틀림, 처짐, 누수 등 생활의 불편을 초래하는 하자로서 보수가 필요한 하자다. 입주민들이 아파트 하자보수반을 통해 보수요청을 하는 하자의 대부분은 사용 검사 후의 하자이다. 사용 검사 전의 하자는 설계도면이나 법령의 기준을 지키지 못한 미시공, 변경시공으로서 아파트 품질 저하를 초래하는 것이며 보수가 불가능하고 손해배상을 받아야 하는 하자다. 최근 문제가 되는 철근 누락 등은 사용 검사 전 하자에 해당한다.

문제는 소송으로 가는 것을 막기 위해 시도하는 합의 대상이 사용 검사 후의 하자에만 국한되기 쉽다는 점이다. 시공사 측이 합의를 시도하는 시점은 대개 입주민들이 본격적인 소송을 제기하기 직전인 경우가 많다. 그러나 입주민들은 눈에 보이지 않는 사용 검사 전 하자 부분 등은 파악하기가 어렵기 때문에 이 부분을 합의의 대상으로 삼지 못하게 되는 경우가 많다.

실제로 하자 소송을 진행해 보면 손해배상금의 구성 중 사용 검사 전의 하자가 60~70%를 차지한다. 통상 일반적인 합의시에 시공사 측은 20~30개의 하자항목에 대한 합의를 시도한다. 하지만 소송 절차를 통해 전문적인 기관에서 하자조사 시에는 200~300개의 하자 항목이 적출된다. 따라서 소송 전 단계에서 사용 검사 후의 하자만을 대상으로 합의를 하는 것은 시공사에 일방적으로 유리한 것이어서 바람직하지 못하다.

다음으로 전문적인 진단회사의 하자진단을 거쳐 이를 기초로 시공사와 합의를 시도하는 경우가 최근에 많아졌다. 이 경우에는 사용 검사 후의 하자의 보수와 함께 사용 검사 전 하자에 대한 보상으로 아파트에서 요구하는 일정한 공사, 즉 숙원사업공사를 추가하는 내용으로 합의가 시도된다. 숙원사업공사란 설계도면에는 없지만 아파트에서 필요하다고 생각하는 편의 증진을 위한 시설을 설치하는 것 등이 있다. 이 경우 성공적인 합의인지 여부는 숙원사업공사의 내용이 사용 검사 전의 하자의 금액에 어느 정도 근접하느냐가 관건이 될 것이다.

성공적으로 보이는 합의에도 유의해야 할 점이 있다. 아파트의 하자 대상을 모두 합의 대상에 포함했으므로 제대로 분쟁을 해결한 것처럼 보일 수 있다. 이럴 때 합의 이후에 이를 이행하는 것은 전적으로 시공사에 달려 있다는 점에 유의해야 한다. 즉, 시공사 측에서 합의내용 그대로를 성실히 이행한다면 다행이지만 그렇지 않을 경우 상대방에게 이행을 강제할 수 있는 수단이 없다. 시공사로서는 하자를 보수하거나 숙원사업 공사를 해주더라도 그 대가를 지급받는 것이 아니기 때문에 최소한으로 눈가림식 공사를 할 가능성이 크다.

이럴 때 아파트에서는 합의한 내용대로 이행하지 않았다는 손해배상청구 소송을 제기하는 것 외에는 아무런 방법이 없다. 종합적으로 입주민들 입장에서는 합의가 오히려 소송보다도 더 복잡하게 고려해야 할 요소들이 많을 수 있다. 즉, 합의는 결코 손쉬운 분쟁 해결 방식이 아님을 상기해야 한다.

아파트 하자 손배소송, 공사마다 다른 '제척기간' 알아야

아파트 하자보수가 제대로 진행되지 않는다면 어떻게 해야 할까. 하자보수를 해주겠다는 건설사를 믿고 조금 더 기다려볼까? 소송을 진행할까? 입주민들 사이에 의견이 엇갈릴 수 있다.

소송을 고려하고 있다면 일정한 시일 내에 결정을 내려 권리를 행사해야 한다. 법령에서 규정하고 있는 제척기간 때문이다. 집합건물법 제9조와 각 시행령에서는 (하자)담보책임의 존속기간을 규정하고 있다. 마감공사의 하자 2년, 목공사, 창호공사 및 조경공사 하자 등 건물의 기능상 또는 미관상의 하자 3년, 대지조성공사, 철근콘크리트공사, 철골공사, 조적공사 등 건물의 구조상 또는 안전상의 하자 5년, 건물의 주요구조부 및 지반공사의 하자 10년이다.

제척기간이란 법률적인 권리를 행사할 수 있는 기간이다. 그 기간 안에 권리를 행사하지 않으면 권리는 소멸한다. 즉, 2년차, 3년차, 5년차, 10년차 하자의 발생 시 그 기간 안에 담보책임을 묻는 법률적 행위, 이행청구의 최고나 소의 제기를 하지 않으면 해당 하자에 대해 손해배상을 구할 수 있는 권리를 상실한다.

이행의 청구는 소를 제기하는 방법으로만 하는 것은 아니다. 그러나 담보책임을 추궁하는 이행의 청구는 하자마다, 구분소유자마다 별도로 해야 한다. 그러므로 전문적인 하자진단기관에서 하자진단을 해 모든 하자를 적출한 후 모든 구분소유자가 이행청구를 하거나 또는 입주자대표회의에 채권양도를 해 입대의가 이행청구를 해야 한다.

일반적으로 알고 있는 권리소멸 사유로 소멸시효가 있다. 사실상 모든 권리에 대해 적용되는 권리소멸 사유다. 소멸시효의 기간은 원칙적으로 일반적인 민사채권은 10년, 법률상 상인 간의 채권인 상사채권은 5년이다. 소멸시효는 소의 제기, 채무의 승인 등 특별한 사유가 있으면 중단돼 그 사유가 소멸한 때로부터 다시 진행한다.

이에 반해 제척기간은 법률관계를 빨리 확정할 필요가 있는 경우에 개별적인 권리에 대해 규정하는 것이다. 소멸시효와 달리 중단 사유가 없다. 제척기간이 경과하면 권리가 절대적으로 소멸한다. 소멸시효보다 엄격한 것이다. 따라서 하자담보책임의 단기 제척기간이 규정된 현행법하에서는 제척기간에 대한 입주민들의 확실한 인식이 필요하다.

일반적인 매매의 경우 매도인의 담보책임 기간(제척기간)은 하자를 안 날로부터 6개월 또는 1년으로 규정돼 있다. 집합건물법이 준용하고 있는 민법상 수급인의 담보책임 기간도 1년으로 단기다(민법 671조). 다만 건축물의 수급인은 5년, 그 중에서 석조, 석회조, 연와조, 금속 기타 이와 유사한 재료로 조성된 것이면 10년으로 한다는 특칙이 있다(민법 제671조).

특히 개정 전 집합건물법은 개별 하자에 대한 담보책임 기간의 제척기간이 규정돼 있지 않았다. 집합건물은 철근콘크리트의 견고한 건축물이기 때문에 민법 제671조에 의해 10년의 제척기간이 적용됐다.

그런데 분양자(시행사, 시공사)의 입장을 보자. 하자담보책임의 제척기간이 지나치게 길어 10년 동안 하자담보책임에서 벗어나지 못한다. 그러므로 적어도 공동주택(아파트)에 관해서라도 이를 단축하기 위해 구 주택건설촉진법과 공동주택관리법령에서 아파트의 하자를 1~5년 및 10년의 담보책임 기간을 규정해 부담을 완화하고자 했다.

그러나 판례는 집합건물법이 위와 같이 제척기간을 명시하기 전에는 입주자(수분양자)의 권리를 두텁게 보호했다. 위 담보책임 기간은 입주민들의 권리가 소멸하는 제척기간이 아니고 하자발생 기간이라고 한 것이다. 그러므로 입주민들은 2년차, 3년차, 5년차 10년차에 해당하는 각 항목의 하자가 담보책임 기간인 10년 안에 발생했음을 입증하기만 하면 됐다.

하지만 현 집합건물법 제9조의2는 "다음 각호의 기간 내에 권리를 행사해야 한다"라고 제척기간을 직접 규정하고 있다. 이는 결과적으로 입주민들이 가급적 모든 하자에 관해 시공사를 상대로 권리를 행사하기 위한 기간이 최종적으로 2년으로 축소된 것이다. 그러므로 입주가 시작되면 법률전문가의 도움을 받아 아파트 하자에 관해 신속하게 결단할 필요가 있다.

월패드 해킹 때 시공사 손해배상 받을 수 있나

우리 집 내부 영상이 인터넷상으로 떠돌아다닌다면? 아파트 '월패드 해킹' 사건이 띠들썩한 석이 있다. 당시 경찰조사에 따르면 해커는 638개 단지의 월패드와 중앙관리 서버를 해킹해 40만 여 세대의 사생활 영상과 사진 일부를 유출했다. 집 내부의 모습을 담은 동영상을 다크웹에서 판매하려는 시도도 있었다.

가장 사적인 공간의 노출로 인해 입주민들은 불안에 떨 수밖에 없다. 그런데 월패드가 해킹되면 동영상 노출의 피해만이 아니다. 해커가 우리 집의 현관문을 열고, 집 안의 조명과 가스를 마음대로 조작할 수도 있다. 당하는 입주민은 공포에 떨게 될 것이다.

이러한 범죄가 가능한 것은 요즘 아파트 벽면에 필수적으로 설치된 월패드를 통해서다. 월패드는 기존 인터폰의 기능을 하던 패드 형태의 기기다. 최근에는 방문객 확인, 현관문 개폐의 인터폰 기능 이외에도 집안의 난방, 조명, 가스 등을 비롯한 집안의 주요 기기들을 제어하는 역할을 하면서 '지능형 홈네트워크'로 통칭한다.

이런 해커들은 물론 형사처벌 대상이다. 아파트 내부의 기기인 지능형 홈네트워크를 통한 범죄가 일어나면서 시스템의 설치 및 기능에 관해 분양자 및 시공사들에 손해배상책임이 검토되고 있다.

주택건설기준 등에 관한 규정 제32조의2(지능형 홈네트워크 설비)를 보자. '주택에 지능형 홈네트워크 설비(주택의 성능과 주거의 질 향상을 위해 세대 또는 주택단지 내 지능형 정보통신 및 가전기기 등의 상호 연계를 통해 통합된 주거서비스를 제공하는 설비를 말한다)를 설치하는 경우에는 국토교통부 장관, 산업통상자원부 장관 및 과학기술정보통신부 장관이 협의해 공동으로 고시하는 지능형 홈네트워크 설비 설치 및 기술기준에 적합해야 한다'고 규정돼 있다.

그러나 하자 감정을 해보면 위 지능형 홈네트워크에 비상시 세대 월패드에 예비전원이 공급되는 비상전원이 미시공돼 있거나 세대망과 단지망을 상호접속하는 홈게이트웨이가 미시공돼 있는 사례가 있다. 위 기기들이 설치돼 있더라도 KS표준을 준수하지 않은 사례도 있다.

이에 대해 분양자 및 시공사들은 "사업주체로서 지능형 홈네트워크 설비를 설치하겠다는 선택을 하지 않았다. 또한 지능형 홈네트워크 설비에 대해서는 별도의 인·허가나 신고절차가 존재하지 않는다. 해당 아파트에 설치된 월패드는 법령에서 규정하고 있는 지능형 홈네트워크 설비에 해당하지 않는다"고 주장하며 손해배상책임을 회피하려 한다.

법원의 판례는 '사업주체가 지능형 홈네트워크를 설치할 것으로 의도했는지 여부와 관계없이 관련 법규의 내용 및 취지와 사업주체가 제출한 설계도서 등을 종합해 사업주체가 주택에 설치한 설비 중에 지능형 홈네트워크 설비에 해당하는 것이 존재한다면 지능형 홈네트워크 시스템이 설치된 것으로 판단한다'고 본다. 이에 따라 '사업주체가 주택에 설치한 설비 중에 지능형 홈네트워크 설비에 해당하는 것이 존재한다면 그에 대해 이 사건 고시에 따른 설치기준을 적용함이 타당하다'고 판시한 바 있다(서울고등법원 2020. 4. 21. 선고 2020누42271 판결).

즉, 분양자 및 시공사가 현재 설치된 기기가 소위 '지능형 홈네트워크'가 아니라고 주장해도 실제로 설치된 설비가 지능형 홈네트워크의 기능을 수행한다면 이는 지능형 홈네트워크가 설치된 것으로 판단한다. 그러므로 위 법령을 적용하고 그에 따른 설치 기준에도 적합해야 한다는 것이다. 이에 미달하는 경우 당연히 하자에 해당한다고 할 것이다.

지능형 홈네트워크는 최근 기술 발달이 아파트에 적용되는 것이다. 이는 기본적으로 '세대 내 지능형 정보통신 및 가전기기 등의 상호 연계'를 기능으로 하는 설비다. 가스누출이나 주거침입 상황 등을 감지하는 데 필요한 '감지기', 세대 내의 침입자나 화재 등 비상사태가 발생한 경우 이를 감지해 신호를 경비실 또는 관리실에 보내는 '전자경비시스템' 등이 포함돼 있다.

이것들은 입주민의 생활 편의뿐 아니라 생명과 신체의 안전 및 보안과 밀접하게 관련된 시설이다. 생활에 많은 편의를 제공하지만 또한 많은 기술적인 문제가 결합한 만큼 관련 사항을 면밀히 검토해야만 한다.

재건축 조합아파트 하자 손배청구 어떻게 하나

아파트가 노후화된 지역에서 재건축, 재개발 이슈가 한창 전개되고 있다. 오래된 아파트의 입주민들은 조합을 설립해 아파트 신축 사업을 시행한다. 지역주택조합을 만들어서 할 수도 있다. 동일지역 범위에 거주하는 주민이 조합을 설립해 아파트 신축 사업을 시행하는 것이다.

조합아파트들은 조합이 사업 승인절차, 시공사 선정 등의 업무를 진행하는 분양자가 돼 아파트를 신축하고 이후 조합원들이 새로 지어진 아파트의 입주민이 된다. 통상 아파트가 신축되면 세대수가 늘어나게 되므로 일반분양을 함께 진행해 조합원과 비조합원이 함께 입주민이 되는 경우가 많다.

대부분 조합아파트의 조합은 사업이 진행돼 아파트 입주가 시작되고 나면 해산한다. 입주 시작 후 입주자대표회의가 결성되면 아파트 입주민을 대표하는 주체는 입대의가 돼 하자소송을 진행해도 문제가 없다. 그러나 아파트 입주 후에도 조합이 해산하지 않고 일반분양자인 비조합원과 함께 입주민을 구성하고 있는 경우 아파트 하자처리에 관해 갈등이 빚어지는 경우가 있다.

집합건물법 제9조 제1항에는 '건물을 건축해 분양한 자(분양자)와 분양자와의 계약에 따라 건물을 건축한 자로서 대통령령으로 정하는 자(시공자)는 구분소유자에 대해 담보책임을 진다'고 규정하고 있다. 같은 법 제9조 제3항에서는 '제1항 및 제2항에 따른 시공자의 담보책임 중 민법 제667조 제2항에 따른 손해배상책임은 분양자에게 회생절차개시 신청, 파산 신청, 해산, 무자력(無資力) 또는 그 밖에 이에 준하는 사유가 있는 경우에만 진다'고 규정하고 있다.

즉, 원칙적으로 건축물 하자에 관한 담보책임은 분양자가 진다. 건설회사인 시공사는 분양자가 무자력 등의 경우에 책임을 진다. 조합은 분양자로서 아파트 하자보수에 갈음하는 손해배상책임의 주체다. 조합아파트의 경우 조합원이 입주민이므로 입주자가 분양자인 조합에 대해 손해배상청구를 하면 궁극적으로는 조합원이 책임을 지는 것이다. 조합원인 입주자의 입장에서는 자신에 대해 소를 제기하는 형태가 돼 이러한 소송은 부적절하다. 또한 입대의가 조합에 대해 소를 제기하고자 하면 조합원인 입주민은 채권양도 절차에 응하지 않아 하자소송 자체가 어려울 수도 있다.

그렇다면 분양자이자 입주민인 조합원들이 포함된 아파트에서 하자소송은 어떻게 처리해야 할까. 소송의 실익을 위해 입대의에서는 조합이 분양자이지만 조합에 대해서는 소를 제기하지 않는 방법이 있다.

먼저 분양자인 조합이 존속하고 있지만 조합에 재산이 없는 경우는 법리에 따라서 시공사인 건설회사에 제기한다. 집합건물법의 규정에 따라 시공사의 책임을 물을 수 있고, 민법에서 규정하고 있는 채권자대위권(채권자가 자기의 채권을 보전하기 위해 자기 채무자에게 속하는 권리를 대신 행사할 수 있는 권리)을 행사하는 것이다. 즉, 조합이 도급인으로서 수급인인 시공사에 대해 갖는 하자보수에 갈음하는 손해배상청구권을 입대의가 대위해 행사하는 것이다.

다음으로 조합이 존속하고 있으며 재산도 보유하고 있는 경우가 문제가 된다. 이 경우는 원칙적으로 조합이 손해배상의 주체로서 하자소송의 피고가 돼야 한다. 그러나 이는 앞서 살펴본 바와 같이 조합원이자 입주민이 스스로에게 손해배상청구를 하는 형태가 되므로 적절치 않다. 즉, 문제의 경우는 입대의가 조합으로부터 조합이 도급인인 시공사에 대해 가지는 위 손해배상청구권을 양도받아서 시공사에 소를 제기할 수 있다.

간혹 입대의가 주체가 아니라 조합이 주체가 돼 시공사인 건설회사에 손해배상청구를 하려는 경우가 있다. 그러나 조합은 분양자로서 입주자에 대한 하자보수의무자이므로 시공사에 대해 손해배상을 받더라도 이를 그대로 보유할 근거가 없고 입주자들에게 손해배상금을 지급해야 한다. 그러므로 입주자들이 소송을 하고자 하는 경우 조합이 나서 소송을 해도 조합으로서는 실익이 없다. 조합원들의 입장에서는 입주자의 자격으로 소송을 하면 되므로 조합 이름으로 소송을 한 후 이를 다시 조합으로부터 반환받는 이중 절차를 취할 필요도 없다. 결론적으로 조합이 존속한다 해도 입대의가 결성돼 시공사를 대상으로 하자소송을 진행하는 것이 바람직하다.

아파트 욕실 깨지고 들뜬 타일, 손해배상 판결 근거는?

최근 입주한 아파트에서 일어난 일이다. 세대 내 화장실 벽타일이 깨져 금이 가 있는 곳이 많다. 갑자기 '펑' 소리가 나면서 타일이 깨지거나 깨진 부위 주위로 타일이 들뜬다. 어떤 세대는 균열이 심해지면서 한꺼번에 쏟아져 내리기도 한다. 사람이 있을 때 사고가 났다면 위험천만한 상황이다. 하루에 여러 번 사용하는 화장실이라 더 불안하다.

아파트 내 타일이 시공되는 곳은 많다. 화장실뿐 아니라 세대 내 세탁실이 설치되는 다용도실과 발코니, 주방 등 물을 사용하거나 물이 접촉될 우려가 있는 곳은 타일이 시공된다. 공용부에는 계단실 및 승강기 홀 등 사람이 수시로 드나드는 곳에 타일이 시공된다.

타일 하자는 겨울철에 많이 발견된다. 기온이 떨어지면서 타일 바탕 면의 콘크리트가 수축하게 되면서 그 위에 시공된 타일에 금이 간다.

공동주택 하자의 조사, 보수비용 산정 및 하자판정기준에 따르면 제18조 '타일에서 균열, 파손, 탈락 또는 들뜸 등의 현상이 확인되거나 배부름 또는 처짐 등의 현상이 발생하는 경우에는 시공하자로 본다'고 규정하고 있다. 타일 하자는 공동주택관리법의 2년차 하자다. 하자담보책임기간 이내라면 시공사에 보수청구를 할 수 있다.

화장실 벽체의 일부에 금이 가는 정도를 넘어서 '펑'하고 소리를 내며 타일이 갑자기 깨져 한꺼번에 쏟아져 내리는 경우가 있다. 이때는 미시공, 오시공의 사례를 의심할 수 있다.

대표적인 것이 타일 뒤채움 부족 하자다. 벽체 타일의 경우 평활도를 유지하기 위해 통상 떠붙이기 공법을 쓴다. 떠붙이기 공법은 타일 뒷면에 붙임 모르타르를 바르고 빈틈이 생기지 않게 바탕에 눌러 붙이는 공법이다. 뒷면 모르타르가 채워지지 않아 공극이 생기는 경우 작은 충격에도 와르르 무너질 수 있다. 하자소송 시 감정을 하면 상당 부분의 아파트에서 벽체 타일 뒤채움 부족이 나타난다.

시공사 측은 주로 대한건축학회 건축기술지침에 '뒤채움 정도를 80% 이상이면 합격으로 한다'고 정리돼 있는 것을 근거로 제시한다. 그러면서 뒤채움이 부족한 경우에도 80% 이상이면 하자에 해당하지 않는다고 주장한다.

법원의 판단은 나뉘고 있으나 뒤채움 모르타르를 100% 채움 기준으로 시공비 차액을 손해배상금으로 인정하는 판결이 다수로 보인다. 판결의 근거는 △욕실 벽타일 뒤채움 부족은 뒤채움 부족 시 외부 충격에 의한 파손 및 탈락의 내재적 원인이 될 수 있는 점, △대한건축학회의 건축기술지침에는 80% 이상이면 합격으로 기재돼 있으나 이는 타일 시공방법의 특성상 밀착비율에 오차가 발생할 수 있어 최소한의 기준을 정한 것에 불과한 점, △대한건축학회 건축기술지침의 합격 기준이 하자보수비를 산정하는 경우에도 그대로 적용돼야 한다고 볼 수 없는 점 등이다.

타일 부착강도가 부족한 경우도 하자에 해당한다. 뒤채움 면적이 하자가 아니라도 타일을 붙이는 모르타르의 접착력이 약해 생기는 하자이다. 샘플 타일을 채취해 타일 접착강도 시험을 해 강도가 0.392Mpa(4gf/㎠)에 미달하면 시공하자에 해당한다.

부착강도 부족 때 시공사 측이 벽면 타일이 아닌 바닥타일의 경우 부착강도 부족 시험의 대상이 아니라고 주장해 쟁점이 되기도 한다. 시공사 측은 건축공사 표준시방서에서 벽체 타일의 접착강도에 대해 상세한 규정을 정하고 있는 점을 근거로 제시한다. 접착강도 규정은 벽타일에만 해당하는 것이며 바닥 타일의 경우 벽과 달리 타일이 탈락해 떨어질 우려가 적으므로 부착강도 시험대상이 아니라는 것이다.

아파트 세대 욕실은 입주민들이 맨발로 사용하는 공간이다. 이런 곳에서 타일의 부착강도가 부족해 들뜸 및 탈락, 깨짐이 일어나면 입주민이 부상을 입을 수 있어 문제가 된다.

시공사들의 이런 주장에 대해 법원은 바닥 타일의 경우에도 부착강도 미달 시 하자로 인정하고 있다. 법원은 "건축공사표준시방서 등에서 바닥 타일과 벽타일의 부착력 측정을 구분하지 않고 있고, 바닥 타일 또한 들뜸, 탈락 등의 하자가 발생할 우려가 있어 일정 정도의 부착 강도가 필요하다"고 판시한 바 있다.

'비싸진 노무비' 하자소송 손해배상금에 포함될까

최근 구축 아파트를 리모델링하는 사례가 많고 신축 아파트도 일부 공사를 벌여 입주자의 취향을 반영하기도 한다. 이런 건축 공사를 해본 경험이 있다면 공사비 중에서 인건비, 즉 노무비가 차지하는 부분이 상당히 크다는 점을 알게 된다. 직접공사비는 재료비와 노무비의 합계다. 재료비의 비중이 큰 경우도 있고 노무비의 비중이 큰 경우도 있다.

아파트 하자소송에서도 노무비에 관한 다툼이 있다. 아파트에 하자가 발생할 때 입주민들은 하자에 대해 보수를 요청할 수 있다. 또는 보수가 불가능한 경우나 하자가 중요하지 않은데 보수에 과다한 비용을 요하는 경우에는 하자로 인해 입은 손해의 배상을 금전으로 구할 수 있다. 법원은 하자보수에 갈음하는 손해배상금은 하자가 없이 시공됐을 경우 공사비와 실제 시공상태의 공사비 차액으로 계산한다.

이 공사비의 차액이라는 개념에 착안해 시행사와 시공사에서는 액체방수 두께 부족, 타일 뒷채움 부족 등 특정한 손해배상의 경우 노무비는 손해배상금에서 제외돼야 한다고 주장한다.

예를 들어 지난 회차에서 설명한 타일 뒷채움 부족 하자(타일 뒷면의 모르타르 바름을 부족하게 시공한 경우)에서 시공사는 이렇게 주장할 수 있다.

"타일공사를 하는 경우 소운반(6.25%), 모르타르배합 및 비빔(18.75%), 먹매김(18.75%), 규준틀 설치(6.25%), 타일 뒷면 모르타르 얹기(12.5%), 타일 평활도 맞추기(25%), 줄눈파기 및 마무리 작업(12.5%)

의 공정이 필요하다.

타일 뒷채움이 부족하다면 부족한 만큼의 재료비와 타일뒷면 모르타르 얹기의 노무비 또는 위 노무비와 모르타르 배합 및 비빔의 노무비 일부만 적게 소요됐을 뿐이다. 따라서 이 부분만 손해배상금이 돼야 한다. 소운반, 먹매김, 규준틀 설치, 타일평활도 맞추기, 줄눈파기 및 마무리 작업의 노무비는 이미 100% 소요됐으므로 이들 노무비는 손해배상금에서 제외돼야 한다."

이것이 과연 타당한 주장일까. 이제 법리를 살펴보자. 민법에서는 제667조 수급인의 담보책임에서 이렇게 하자가 중요하지 않을 때(하자인 것은 분명하지만 보수를 할 경우 과다한 비용이 들어가는 경우) 위와 같은 보수를 허용하지 않고 손해배상만을 구할 수 있다고 규정하고 있다. 판례도 있다. 이 경우의 손해는 '도급계약에서 하자로 인해 입은 통상의 손해는 특별한 사정이 없는 한 도급인이 하자 없이 시공했을 경우의 목적물의 교환가치와 하자가 있는 현재의 상태대로의 교환가치와의 차액'(대법원 1998. 3. 13. 선고 97다54376 판결)이라고 판단한다. 즉, 법원에서 인정하는 손해란 실제로 철거 후 재시공하는 실 보수비용이 아니라 교환가치의 감소분이다. 교환가치의 감소분은 공사비의 차액으로 산정한다는 것이다.

타일 뒷채움 부족이 50%라고 가정해 보자. 이를 제대로 보수하기 위해 들어가는 비용은 얼마일까. 뒷채움이 부족한 타일을 보수하기 위해서는 부착된 타일을 철거한 후 뒷채움이 부족하지 않게 해 다시 부착해야 한다. 이를 위해서는 재시공 전체의 비용에 철거비까지 소요돼야 한다. 이 경우에는 당초 타일 공사비의 100% 이상이 소요될 것이다.

판례가 공사비의 차액만을 손해라고 하는 이유는 위와 같이 철거 후 재시공 비용 전체가 아니라 타일공사 자체공사비의 차액만을 손해로 본다는 의미다. 공사비란 부족한 부분의 시공비용을 의미하는 것이고 시공을 위해서는 당연히 노무비가 포함돼야 할 것이다.

실제 대부분의 판례도 하자소송에서 노무비에 관해 '시공비 차액은 일반적으로 하자 없이 시공됐을 경우의 공사비와 실제 시공 상태의 공사비 차액을 의미하는 것으로 노무비 등을 포함하는 개념인 점, 시공물량이 늘어날 경우 작업량이 늘어나 동일한 노동강도에서는 작업시간이 더 오래 걸리게 돼 노무비가 증가하게 되는 점, 손해배상의 법리는 손해를 배상하게 하는 것이지 시공사의 절약한 비용을 배상하게 하는 것이 아닌 점' 등 이유를 설시하면서 노무비 제외 주장을 배척하고 있다.

시행사, 시공사의 '노무비가 제외돼야 한다'는 주장은 공사비의 차액이라는 용어에 집착해 판례의 취지를 오해한 잘못된 것이다.

아파트 방화문 열려 화재 피해 확대, 하자소송 어떻게?

건조한 겨울철에는 공동주택 화재 사고가 종종 일어난다. 지난해 12월 한 아파트 화재로 대피공간인 피난계단에서도 사망자가 발생했다. 소방 당국은 아파트 피난계단의 방화문이 닫혀있지 않아 피해가 커진 것으로 파악했다.

방화문은 항상 닫힌 상태로 유지돼야 하고 연기 또는 불꽃·열에 의해 닫히는 구조로 설치돼야 하는 데 방화문이 열려있는 상태였다는 것이다. 이런 사고 때문에 소방청은 피난계단상에 물건을 적재해두지 말 것, 방화문에 설치된 자동폐쇄 장치 등을 적절하게 유지 및 관리할 것을 요구한다.

방화문이란 화재의 확대, 연소를 방지하기 위해 건축물의 개구부에 설치하는 문이다. 아파트에는 각 세대의 출입문(현관문), 층별 계단실, 세대 대피소 입구에 설치돼 있다. 화재 시 방화문 자체가 제 성능을 하지 못했다면 이는 하자에 해당할 것이다.

'건축물의 피난·방화구조 등의 기준에 관한 규칙'에 따르면 방화문은 성능에 따라 구분하고 있다. 연기 및 불꽃을 차단할 수 있는 시간이 60분 이상이고 열을 차단할 수 있는 시간이 30분 이상인 방화문을 '60분+방화문', 연기 및 불꽃을 차단할 수 있는 시간이 60분 이상인 '60분 방화문', 연기 및 불꽃을 차단할 수 있는 시간이 30분 이상 60분 미만인 '30분 방화문'으로 구분한다(건축법 시행령 개정 전 '갑종방화문', '을종방화문'). 방화문은 법령에 따른 내화, 내연 성능을 갖춰야 하고 이를 갖추지 못하면 하자가 있는 것으로 평가된다.

현장에서 방화문은 공동주택관리법에서 규정하고 있는 일반적인 하자에 해당하지 않는다. 방화문을 대상으로 하자소송을 제기하는 사례도 드물다.

방화문은 어떻게 설치하는가. 시공사는 먼저 납품하는 업체에 대해 방화문의 성능시험결과서를 요구하고 납품업체는 시험성적서를 제출한다. 이를 감리가 확인하면 정상적인 방화문으로 추정된다. 즉, 방화문은 시공사의 시공단계에서 설치 이외의 별다른 시공이 존재하지 않으며 검사에 합격한 제품을 설치한다.

입주민은 화재 발생 등 긴급한 상황이 아니면 내화·내연 성능을 시험해 볼 기회가 거의 없다. 또 방화문 자체에 사용상의 불편을 느끼기 어렵다. 이런 이유에서 분쟁이 될 여지가 적었다. 게다가 방화문 소송은 비용이 많이 들고 승패 예측이 어렵다. 방화문 소송을 진행하려면 방화문에 하자의 의심이 있다는 사실을 소명해야 한다.

그러려면 예비진단으로 성능시험을 해봐야 한다. 성능시험은 자체적으로 할 수 없고 전문기관에서 방화문을 철거해 시험한다. 방화문은 앞쪽과 뒤쪽 모두에서 성능시험에 합격해야 하므로 같은 종류를 2개씩 1세트 시험한다. 세대 출입문, 세대 대피소, 계단실 등 종류별로 1, 2세트씩 시험을 하면 6~10개 정도의 방화문을 철거해 시험하게 된다. 다른 감정보다 비용이 상당히 많이 지출된다.

예비진단에도 상당한 비용이 지출된다. 예비진단 결과 합격으로 밝혀지면 소송을 할 수 없으니 불필요한 비용만 지출하게 된다. 예비진단 결과 불합격인 방화문을 대상으로 법원에 손해배상청구를 해도 법원 감정과 일치하지 않을 가능성도 있다.

법원은 감정결과 불합격이 나오면 방화문을 교체하는 비용을 손해로 인정한다. 이런 경우에도 '아파트 사용승인일로부터 성능시험을 실시한 기간이 경과해 자연적인 노화현상이 발생했을 것으로 보이는데, 자연적 노화현상으로 인한 부분과 시공상의 잘못으로 인한 부분을 엄격하게 구분하는 것은 현실적으로 불가능한 점, 아파트 입

주자들의 통상적 범위를 벗어난 사용 및 관리상 잘못으로 인해 방
화문의 하자가 확대됐을 가능성도 완전히 배제할 수 없는 점 등을
근거로 피고의 책임 제한 단계에서 피고의 책임을 50% 정도로 제
한'하는 판결이 많다(서울중앙지방법원 2018. 12. 6. 신고 2015가합511519
판결).

현재 시공된 방화문을 무작위로 시험했을 때 어느 정도의 불합격
률이 나오는지에 관한 자료는 아직 없다. 그럼에도 아파트 화재 시
방화문은 생명·신체의 안전과 직결되는 요소이므로 안전관리는 물
론 하자의 여부도 검토해 볼 필요가 있다.

아파트 조경수 고사·쓰러짐 등 시공하자 잘 살펴야

아파트 화단의 나무에 어느새 새잎이 돋아나고 꽃이 핀다. 도시 생활을 하면서 멀리 꽃구경을 나가지 않아도 내가 사는 공간에서 계절의 변화를 만끽할 수 있다.

요즘 신축 아파트들은 대부분 지하공간에 주차장과 차량 진입로를 두고 아파트 1층은 차가 없는 공간으로 꾸민다. 1층은 마치 공원처럼 산책로와 조경수들이 조성돼 입주민들이 쉴 수 있는 공간을 마련한다.

건축법은 면적이 200㎡ 이상인 대지에 건축하는 건축주는 용도지역 및 건축물의 규모에 따라 대지에 조경이나 그 밖에 필요한 조치를 하도록 규정하고 있다(건축법 제42조 대지의 조경). 관련법령에 따라 공동주택 건축 시 조경이 필수적으로 조성돼야 한다.

현대 도시에서 아파트는 단순히 주거 공간뿐만 아니라 각종 편의시설과 녹지공간까지 제공하도록 건축되고 있다. 아파트 조경은 아파트의 경치·풍광을 아름답게 조성해 입주민들의 삶의 질을 향상시키는 핵심요소로 현대 건축공사의 중요한 의미를 담고 있다.

조경공사에도 하자가 발생한다. 조경공사는 집합건물법상 건물의 기능상 또는 미관상의 3년차 하자에 해당한다. 아파트 하자소송을 진행해 보면 준공도서상의 조경수를 식재하지 않은 하자(조경수 미식재), 조경수가 고사(枯死)해 그 기능을 할 수 없는 하자(고사목) 등이 드러난다.

국토교통부가 고시하는 공동주택 하자의 조사, 보수비용 산정 및 하자판정기준에 따르면 조경수에 관한 항목이 많다. 제30조는 조경

수 고사 및 입상불량이다. ① 조경수는 수관부의 가지 3분의 2 이상
이 고사되거나 수목의 생육상태가 극히 불량해 회복하기 어렵다고
인정되는 경우에는 고사한 것으로 간주해 시공하자로 본다. ② 지주
목의 지지상태가 부실해 조경수가 쓰러진 경우에는 입상불량 시공
하자로 본다. 제31조는 조경수 뿌리분 결속재료에 관한 것이다. 준
공 후 2년이 경과한 이후 지표면에 노출된 조경수의 뿌리분 결속재
료를 제거하지 않은 경우에는 시공하자로 본다.

제32조는 조경수 식재 불일치이다. ① 설계도서와 식재된 조경수
를 비교해 수종이 다르거나 저가(低價)의 수종으로 식재한 것으로
인정되는 경우에는 변경시공하자로 본다. ② 설계도서와 달리 조경
수의 식재를 누락한 경우에는 미시공하자로 본다. 또 제33조는 조경
수 규격미달이다. ① 조경수는 설계도서에 적합한 수종으로 식재했
으나 규격이 설계도서에 미달하는 경우에는 변경시공 하자로 본다.

여러 조항에 걸쳐서 조경수의 고사나 쓰러짐, 설계도서와 식재
불일치, 규격미달 등은 시공하자로 규정하고 있다. 하자소송시 감정
단계에서 위의 사실이 드러나면 법원에서는 하자로 인정하고 고사
목, 미식재 등을 처리하고 동일 사양의 식재를 시공하는 비용으로
하자보수비를 산정한다.

조경수와 관련한 하자를 다툴 때 시공사 측은 "조경수는 살아있
는 생명체이므로 입주민들의 관리소홀로 고사목이 발생할 수 있다"
는 주장을 한다. 조경수는 제대로 식재됐다면 특별한 관리가 없어도
생육하는 것이므로 시공사 측의 주장이 모두 받아들여지지는 않는
다. 하지만 피고의 책임을 제한하는 법리의 근거로 사용되기도 한다.

법원은 "구분소유자들의 관리소홀 등 과실로 인해 하자가 확대됐
을 가능성도 배제할 수 없으므로 손해액을 산정함에 있어서 이를
참작한다(서울중앙지방법원 2012가합10695 판결)"고 판시하기도 한다.
다툼에 대비해 아파트에서 조경수 관리대장을 비치해 두고 조경수

를 관리한 근거를 남겨 두면 도움이 된다.

또 다른 쟁점으로 추가 식재에 관한 것이 있다. 시공사(건설사) 측이 설계 도면에 없는 조경수를 추가식재한 것이 있으니 조경수 하자에서 추가식재한 비용을 공제해야 한다는 주장이다. 일반적으로 조경수 추가식재 등 설계 도면에 없는 사항의 시공은 시행사가 분양이 잘 되도록 하기 위한 목적 등 자신의 목적달성을 위해 하는 것이다. 그러므로 이로 인해 하자가 상쇄되는 것은 아니나 조경수의 경우 설계도면과 다른 곳에 식재되거나 다른 수종이 식재된 경우에도 그 비용을 조경수 하자항목에서 공제하기도 한다. 아파트에 손해가 되지 않는다는 이유에서다.

조경수는 공동주택에서 내 집의 앞마당과도 같다. 쾌적한 주거환경을 위해 하자가 존재하는지 면밀히 살피고, 평소에도 애정을 갖고 가꿔야 할 필요가 있다.

아파트 조경 '방근시트 미시공 하자' 어떻게?

요즘 신축아파트는 지하에 주차장을 조성하고 1층에는 차 없는 단지가 대부분이다. 지상 공간에는 조경이 중요하게 여겨지면서 산책로, 분수대 등이 조성된다. 집 앞에 커다란 나무가 자라고 물이 상시로 흐르는 자연공간에서 아이들이 마음껏 뛰어놀 수 있도록 설계, 시공하는 것이다. 이때 조경을 인공적으로 조성하면서 하자가 발생하기도 한다.

아파트 조경수는 인공지반 위에 조성된다. 국토교통부가 고시하는 조경기준에 따르면 인공지반조경이란 인위적으로 구축된 건축물이나 구조물 등 식물생육이 부적합한 불투수층의 구조물 위에 자연지반과 유사하게 토양층을 형성해 그 위에 설치하는 조경을 말한다. 건축물의 옥상(지붕을 포함한다)이나 포장된 주차장, 지하구조물 등과 같은 곳이다.

최근 아파트들은 지하주차장 상부에 이러한 인공지반을 조성하고 조경수를 식재한다. 이 경우 하부층으로 물이 침투하는 것을 방지하기 위해 방수층을 시공해야 한다. 인공지반 위에 조경물을 식재하는 경우 식물의 뿌리가 하부구조물에 침투해 균열을 일으킬 수도 있다.

그러면 하부층으로 누수가 발생하므로 방수층을 보호하는 방근성능(방근재 설치)을 동시에 갖추고 있어야 한다. 이는 위 조경기준 제17조에 '옥상 및 인공지반의 조경에는 방수조치를 해야 하며, 식물의 뿌리가 건축물이나 구조물에 침입하지 않도록 해야 한다'고 규정하고 있다. 건설 현장에서는 식재의 뿌리로부터 방수층과 구조체를 보호하기 위해 합성고분자계 시트(방근시트)를 시공한다.

하자소송을 진행해 보면 많은 아파트에서 방근시트를 미시공한 사례가 발생한다. 방근 기능을 제대로 하지 않은 구조는 취약점을 갖고 있다. 지하주차장 최상층 인공지반에 시공된 식재의 성장에 따라 식물의 뿌리도 계속 성장한다. 뿌리는 성장과정에서 틈새를 따라 파고들며 일반적으로 방수층과 같은 부드러운 재료는 뚫어버리고 만다. 구조체의 균열 등으로 누수가 발생하면 지하주차장처럼 폐쇄된 내부는 시설물 오염, 악취, 곰팡이, 결로 등이 발생해 입주민에게 불편함을 야기한다. 또한 누수는 구조체에 시공된 내부 마감층의 오염이나 부식 등을 촉진시켜 시설물이 노후화한다.

그런데도 시공사 측은 방근시트를 시공하지 않기도 한다. 그러면서도 '방근시트를 설계 및 시공하지 않아도 지하주차장 상부 슬래브 위에 시공된 잡석다짐 배수층 및 부직표 등이 방근시트의 대체시공 역할을 하므로 그 시공비용은 하자보수비에서 제외해야 한다'고 주장한다.

이런 주장에 전문가들은 다른 견해를 보인다. 합성고분자계 시트지인 방근시트 외에 다른 시공법은 방근재의 역할을 기대하기 어렵기 때문이다. 잡석 다짐과 부직포는 식재 조성 시 빗물의 원활한 배수를 위해 설치하는 자재여서 방수층을 보호하거나 식재 뿌리를 막는 방근기능을 충분히 수행할 수 없다는 것이다. 2013년 조경설계기준(2013. 2. 6. 국토해양부 고시 제2013-73호로 일부 개정된 것)에 따르면 인공지반에는 인공구조물의 균열에 대비하고 식물의 뿌리가 방수층으로 침투하는 것을 막기 위해 방근용 시트를 깔아야 한다고 명시했다. 법령으로 방근시트를 규정한 것이다.

2019년 개정된 조경설계기준은 방근시트뿐 아니라 복합방근방수 시트, 골재배수층(또는 배수판)과 누름콘크리트의 복합단면층, 비투수 콘크리트 등을 적용할 수 있다고 했다. 하지만 방근시트가 아닌 다른 공법의 방근기능에 관해서는 여전히 논란이 많다.

　전문가들은 누름 콘크리트는 재료적 특성상 온도 차에 따른 수축 등으로 필연적으로 균열이 발생하고 시공이음부가 존재한다고 본다. 균열부를 통해 식물뿌리 침입과 하부 방수층의 손상 가능성이 존재하기에 방근 기능을 수행하기에는 충분치 않다. 이처럼 지하주차장 누수에 의외로 조경시설 시공이 얽혀 있는 경우가 많다. 조경시설의 안전을 확보하기 위해 방근재를 제대로 살펴봐야 한다.

아파트 하자판단 기준은 착공도면일까 준공도면일까

최근 지방의 한 아파트에서 입주를 한 달 정도 앞둔 입주예정자
들이 시행사 측과 갈등을 빚고 있다는 기사를 봤다. 입주예정자들은
사전점검에서 수많은 하자를 찾아냈다. 또 분양 당시의 광고, 카탈
로그, 견본주택의 모형과 실제 시공 건축물과의 차이가 현저해 계약
목적을 달성할 수 없는 정도에 이른 상황이라고 한다.

시행사는 "설계 도면이 중간에 바뀌었다면 문제가 되지만 바뀐
시공 부분은 미리 고지를 했고 모델하우스의 모형에도 나와 있다"
는 입장이라고 한다. 입주민들은 손해배상을 받을 수 있을까.

아파트 하자소송에서 수급인이 담보책임을 부담하는 하자는 '계
약대로 일을 완성하지 못한 것'이다. 대법원은 건축물의 하자에 관
해 '공사계약에서 정한 내용과 다른 구조적, 기능적 결함이 있는 것
은 하자'며 '해당 건축물이 설계도대로 건축됐는지도 살펴봐야 한다'
고 판시하고 있다(대법원 2010. 12. 9. 선고 2008다16851 판결).

그러므로 손해배상을 받기 위해서는 설계도면대로 건축됐는지를
검토해야 한다. 아파트 등 대규모 집합건물은 착공 시에 작성된 설
계도면 그대로 건축되는 경우는 드물다. 보통은 수차례의 설계 변경
을 거치고 최종적으로 준공도면이 작성된다.

하자판단의 기준이 되는 도면은 사업승인도면(착공도면)일까, 사용
검사도면(준공도면)일까. 분양은 보통 건축이 완성되기 전에 이뤄지
고 분양계약은 당시의 도면대로 건축해 공급하겠다는 약속이다. 따
라서 분양 당시 존재하는 도면인 착공도면이 하자판단의 기준이 돼
야 한다.

그러나 '준공도면을 기준으로 판단해야 한다'는 판례가 있다. 판례는 '사업승인도면(착공도면)은 사업주체가 주택건설사업계획의 승인을 받기 위해 사업계획승인권자에 제출하는 기본설계도서'로 본다. 법원은 "착공도면의 내용이 분양계약의 당사자 사이에서 계약내용으로 편입됐다고 볼 만한 사정이 있는 것이 아닌 이상 아파트에 하자가 발생했는지는 준공도면으로 기준으로 판단함이 타당하다"고 판시했다(대법원 2014. 10. 15. 선고 2012다18762).

법원은 착공도면이 △대외적으로 공시되는 것이 아닌 점, △실제 건축 과정에서 공사의 개별적 특성이나 시공 현장의 여건을 감안해 공사 항목 간의 대체시공이나 가감시공 등 설계변경이 빈번하게 이뤄지고 있는 점, △이러한 설계변경의 경우 승인권자로부터 사업계획 변경승인을 받아야 하는 점, △이처럼 설계변경이 이뤄지면 변경된 내용이 모두 반영된 최종 설계도서에 의해 사용검사를 받게 되는 점, △아파트 분양계약서에 통상적으로 목적물의 설계변경 등에 관한 조항을 두고 있고 사업주체도 이를 계약의 전제로 삼아 분양계약을 체결하는 점 등을 그 근거로 들었다.

다만 모델하우스, 광고 팸플릿 등에서 특정 내용에 관해 광고하고 수분양자들이 그 광고를 신뢰해 분양계약을 체결했다고 볼 수 있는 사정이 있다면 이는 계약내용으로 편입됐다고 봐 그에 위배되는 시공은 하자가 된다고 봐야 한다.

시행사 및 시공사(건설사)들은 위의 판례 논리를 하자판단의 기준이 일률적으로 준공도면으로 바뀐 것으로 오해하는 경우가 있다. 이에 일부 건설사들은 제대로 시공하지 않은 부분을 준공도면에서 찾아내 아예 설계도면의 지시를 삭제하는 작업을 하는 폐단이 일어나기도 한다.

그러나 판례는 '분양계약이 체결된 이후 사업주체가 주택법령에 따른 사업계획변경승인절차를 거치지 않은 시행자와 시공자 간의 합의에 따라 임의로 하향시공 또는 미시공한 부분은 수분양자와 분양자 사이에 체결된 분양계약 내용 또는 전제가 된 것이라고 볼 수 없다'고 본다. 법원은 "그와 같은 설계변경 사항이 준공도면에 반영됐더라도 그 항목에 관해서는 준공도면이 '사업승인도면에서 변경이 가능한 범위 내에서 설계변경이 이루어진 최종설계도서'에 해당한다고 보기 어려우므로 준공도면을 변경시공 또는 미시공하자 판단의 기준으로 삼을 수는 없다"고 판시한 바 있다(서울고등법원 2016. 2. 4. 선고 2014나46015 판결).

결국 하자판단의 기준도면은 무조건 준공도면이라는 게 아니다. 분양계약의 기준이 되는 도면이 무엇인지, 변경내용 안내나 수분양자의 동의 등의 절차를 거쳤는지 여부를 면밀히 파악해 판단을 내려야 한다. 분양계약의 내용으로 편입됐다고 볼만큼 구체적인 내용이 담겨있었다면 분양 카탈로그 등도 하자판단의 기준이 될 수 있다.

"아파트 외벽 층간균열은 중요 하자" 보수는 어떻게?

최근 몇 년간 철근이 누락된 '순살아파트'가 논란이다. 이러한 부실시공이 연일 보도돼 입주민들은 내 아파트 안전이 불안할 것이다.

입주한 지 얼마 되지 않은 아파트 단지 내 외벽에 균열이 눈에 띄기도 한다. 육안으로 쉽게 확인할 수 있는 균열은 불안감을 조성하며 장마철을 지나면서 일부 균열 사이로 물이 새는 경우도 발생한다. 시공사 측에 문제를 제기하면 대부분 '곧 보수공사가 이뤄질 예정이다. 그러나 안전진단 결과 안전상에는 문제가 없으며 콘크리트 건물에서는 발생하기 마련인 일반적인 현상이다'라고 대답한다. 과연 그럴까.

아파트 같은 콘크리트 건축물의 외벽은 소재 특성상 외부온도에 의해 수축과 팽창을 반복하므로 균열이 발생할 수 있다. 그러나 균열폭이 크면 그대로 방치할 수 없고 보수를 해야 한다.

콘크리트 균열의 보수방법에는 표면처리공법과 충전식 보수공법이 있다. 표면처리 방식이란 보수재를 균열 표면에 바르는 공법으로 폭이 좁고 얕은 균열에 적당하며 보수 단가가 낮다. 충전식 공법은 균열을 따라 콘크리트를 V자형 또는 U자형으로 절취하고, 그 부분에 보수재를 충전하는 방식으로 표면처리방식보다 보수 단가가 높을 수밖에 없다. 일반적으로 균열폭이 0.3㎜ 이상이면 충전식보수공법을, 0.3㎜ 미만이면 표면처리공법으로 보수하는 것으로 하자보수비를 산정한다.

특별한 주의가 필요한 것은 층과 층 사이의 층간균열(외벽의 층간균열)이다. 아파트를 건축할 때 먼저 1개 층의 거푸집을 설치해 콘크리트를 타설하고 양생한 후 거푸집을 철거하고 다시 동일한 과정으로 상부층을 조성한다. 아래층에서 타설한 콘크리트와 새로 타설한 콘크리트 사이에 시공이음 부분이 발생한다. 그 이음 부분에 균열이 발생하는 것을 층간균열이라고 한다.

층간균열 부위는 외부의 일부에 한정하지 않고 이음부 전체에 관련돼 있기 때문에 빗물 등이 스며드는 경우 내부 깊숙이까지 침투하게 된다. 이러한 문제가 있지만 시공사 측의 주장은 다르다. 시공사 측은 우선 "층간균열은 설계상 하자, 콘크리트 분리타설 공법상 한계, 외부 환경적인 요인 등으로 인해 불가피하게 발생하는 것"이라며 시공상 하자로 볼 수 없다고 말한다. 이들은 "설령 시공상 하자로 보더라도 0.3㎜ 미만의 층간균열은 타설 이음의 흔적에 불과하다"면서 "구조체에 발생한 균열이 아니라 도장균열에 불과하므로 보수가 필요한 하자가 아니다"라는 주장을 펴기 일쑤다.

이에 관한 판례는 어떨까. 판례는 우선 '층간균열은 외부균열로서 미세균열이더라도 이를 장기간 방치할 경우 빗물의 침투 등으로 철근이 부식되고 균열이 확산됨에 따라 구조체의 내구성을 저하시키는 등 건물의 기능상·안전상 지장을 가져올 수 있다'고 본다.

또 균열이 발생한 콘크리트 외벽이 노출되는 경우 △미관상으로도 좋지 않은 점, △층간균열은 건물의 구조체에 발생한 중요한 하자에 해당하는 점, △균열폭이 0.3㎜ 미만이었더라도 계절별 온도변화가 심한 우리나라의 특성상 균열 사이로 이산화탄소나 빗물이 들어가면 균열이 더 진행돼 균열의 폭이 0.3㎜를 초과하게 된다고 본다.

이에 따라 "안전상, 구조상 문제가 발생할 가능성이 농후해 보수할 필요가 있다"고 판시(대법원 2009. 1. 30. 선고 2008다39939 판결), 콘크리트 균열을 중요한 하자로 인정하고 있다.

아울러 시공사들은 0.3㎜ 미만의 미세 층간균열을 보수하는 경우

보수비용은 표면처리 공법으로 적용해야 한다고 주장하는 반면, 입주민들은 충전식 보수공법을 적용해야 한다고 맞선다.

서울중앙지방법원이 발간한 '건설감정실무'는 2011년에는 이를 표면처리공법으로 보수할 수 있도록 정했으나 2016년 개정판에서는 층이음부의 균열에 관해서는 미세균열이더라도 충전식공법을 적용하도록 했다. 콘크리트 전문가들 역시 층간균열은 사용자재의 물성이나 시공상 특수성으로 인해 공사완료 후 해당 접합부에 균열이 발생할 수 있는 요소가 많이 내포돼 있다는 이유로 충전식 보수방법을 적용할 것을 제시하고 있다. 이에 따라 대부분의 판례는 콘크리트 층간균열은 시공상 하자에 해당하고 충전식 공법으로 보수할 것을 판시하고 있다.

아찔한 외벽 석재 탈락, 꽂음촉 미시공 하자일 수도

 어떤 건축물은 외벽을 석재로 마감한다. 아파트 역시 고급스럽고 세련된 이미지를 위해 외벽 혹은 저층부 마감에 화강암, 대리석, 석회석 등의 석재를 시공하기도 한다. 이런 곳에서 외벽 석재 마감재가 탈락 또는 붕괴하는 사고가 발생하기도 한다. 상당한 중량이 나가는 석재가 외벽에 매달려 있다가 탈락해 낙하하면 인명사고가 날 수 있다.

 아찔한 석재 탈락 사고가 꽂음촉 미시공 하자에서 발생하기도 한다. 꽂음촉 시공은 석재공사 건식공법에서 이뤄진다. 여기서 꽂음촉은 석재를 철제 구조물과 고정하는 연결 철물이고 건식공법이란 시멘트, 물, 모래 등을 사용하지 않고 콘크리트 벽면에 직접 앵커를 시공하는 방식이다.

 석재를 설치하는 콘크리트 벽체에 구멍을 뚫어 앵커를 설치해 지지철물(화스너)을 고정한다. 그 위에 석재판을 얹은 후 벽에 에폭시본드로 석재를 붙이거나 꽂음촉으로 상하 석재를 연결해 석재가 벽에서 떨어지지 않게 고정하는 것이다.

 2013년 개정된 건설공사표준시방서는 건식 석재공사에서 '연결철물은 석재의 상하 및 양단에 설치해 하단의 것은 지지용으로, 상부의 것은 고정용으로 사용하며 연결철물용 앵커와 석재는 핀으로 고정시키며 접착용 에폭시는 사용하지 않는다'고 명시한다. 이처럼 석재 접착 시 연결철물(꽂음촉)을 사용하도록 지시하고 에폭시 본드를 사용하지 않을 것을 규정하고 있다.

 하지만 대다수의 건설사들은 꽂음촉을 사용하지 않고 에폭시본드로 석재를 콘크리트 벽에 접착하는 방법을 주로 쓴다. 비용·노무의 절감을 위해서다. 그러나 에폭시 본드로 석재를 붙이면 외부 충격(지진 등)으로 석재가 파괴될 가능성이 크다. 시간이 지나 본드의 접착력이 떨어지면 석재가 벽체에서 떨어질 수 있다. 더구나 연결철물이 없는 경우 여러 장의 석재가 한꺼번에 떨어질 위험이 있다.

물론 꽂음촉 시공은 다음과 같은 과정을 거쳐 에폭시 본드보다 많은 공정이 소요된다. ① 먹매김(골조면에 먹통, 먹물, 먹줄 등을 이용해 앵글이 설치될 곳을 표시해 두는 작업), ② 타공(핸드드릴 사용해 석재치수 4분의 1 지점에 2개소를 타공), ③ 스트롱 앵커 펀칭, ④ 앵글 설치, ⑤ 석재 핀 구멍타공(상하부 4분의 1 지점 4개소), ⑥ 석재 설치 등의 과정이다.

즉, 벽체에 구멍을 뚫어 앵커를 설치하고 앵커로 지지철물을 고정해 그 위에 석재판을 얹은 후 지지철물과 석재판에 구멍을 뚫어 둔 구멍에 꽂음촉을 끼워서 상하의 석재판을 고정하는 것이다. 그러므로 꽂음촉을 시공하기 위해 석재의 마구리면에 판재 당 4㎜의 구경으로 4개소씩 구멍을 타공해야 하는 까다로운 공정절차가 있다. 이때 상하의 석재판 구멍 위치가 정확하게 일치해야 하므로 숙련공의 정교한 작업이 필요하다. 또 이 공정 중 석재 마구리가 파손돼 석재 손실률이 증가하고, 공사에 소요되는 기간이 증대될 수 있다.

판례는 꽂음촉 미시공을 하자로 판단한다. 그뿐 아니라 건축공사 표준시방서에 석재 꽂음촉 시공지시가 없었던 2006년 건축공사표준시방서 적용단지에도 석재 꽂음촉은 의무적으로 시공해야 한다고 판단한 바 있다(대전지방법원 2021. 11. 17. 선고 2019가합106815 판결). 또한 꽂음촉 미시공에 관해 중대한 하자로 판단한 판결도 있다.

왜 하자로 판단했을까. 판례는 '하자로 인해 실제로 사람의 생명, 신체에 위험이 발생하지 않은 경우에도 그러한 위험을 야기할 가능성이 있는 경우에는 중요한 하자로 취급해야 한다'고 본다. 이 사건

아파트에서와 같이 외장석재를 에폭시 접착제로 시공하는 경우 ①
에폭시 접착제 자체의 화학구조상의 결함으로 외장석재가 무너져
내릴 위험이 있는 점 ② 에폭시 접착제만으로 석재를 고정하는 경
우 구조물에 발생한 변위를 흡수할 수 없게 돼 강도 높은 지진이 발
생하는 경우 석판 전체가 무너져 내릴 가능성이 있는 점 ③ 에폭시
접착제는 시간 경과에 따른 성능 저하, 석재 오염 등의 문제가 발생
할 수 있는 점 등을 꼽았다. 이에 비춰 '이 항목의 하자는 중대한 하
자에 해당한다'고 판시한 것이다(대구지방법원 서부지원 2017가합52201
판결).

　외장 석재 탈락은 미관상 불안감을 조성할 뿐 아니라, 자칫 인명
사고로 이어질 수 있는 중요한 하자다. 미시공 여부를 주의 깊게 살
펴봐야 한다.

'준공도면에 기재 없는 항목' 하자 판단 대상 아니다?

최근 건축비가 급등하면서 아파트 하자가 다시 문제가 되고 있다. 미시공, 변경시공 등도 하자의 범주에 포함되는데 이러한 하자가 발생하면 따져볼 게 많다. 분양 카탈로그와 모델하우스 등의 광고와 실제 시공이 다른 것이 있는지, 분양계약 당시 기준이 되는 (설계)도면이 무엇인지, 분양 시와 다르게 시공 시 변경된 것이 있다면 변경내용에 대해 안내나 수분양자의 동의 등의 절차를 거쳤는지 등을 살펴 하자여부를 판단해야 한다.

판례는 하자판단의 기준도면을 준공도면으로 판단해야 한다고 판시하고 있다. 그런데 하자가 발생했는데 기준도면이 되는 준공도면에는 해당 항목의 기재가 없을 때 문제가 된다. 하자가 발생했음에도 준공도면에 기재가 없기 때문에 손해배상의 대상이 되는 하자항목에서 제외할 수 있을까. 그런데 준공도면에는 기재가 없지만 준공내역서에는 기재가 있다면 준공내역서를 기준으로 한 미시공, 변경시공이 판단될 수 있을까.

준공내역서는 준공 당시의 산출내역서를 말한다. 준공도면에 기초해 이에 부합하는 수량, 단가 등을 기재한 것이다. 이는 설계도면 작성 후 공사에 필요한 자재와 시공량을 도면에 근거해 산출한 자료로 각 층별, 실별로 물량을 산출한 수량산출서를 근거로 전체 공사의 각 공종별 품명과 규격, 수량, 단가를 기재한 것이다.

시행사, 시공사들은 아파트에 하자가 발생했는지는 원칙적으로 준공도면을 기준으로 판단해야 하고, 준공내역서는 공사를 완료한 후 공사와 관련돼 발생한 금액을 정리하는 내부문서에 불과하므로 설계도서에 포함될 수 없다고 주장한다. 그러므로 준공내역서를 기준으로 하자로 판단한 항목들은 모두 하자에서 제외해야 한다는 것이다.

그러나 결론부터 말하면 준공내역서는 설계도서에 해당한다. 건축법 제23조는 건축물의 설계자는 국토교통부 장관이 정해 고시하는 설계도서의 작성기준에 따라 설계도서를 작성해야 한다고 규정하고 있다. 위 건축물의 설계도서 작성기준 제9항에서는 설계도서 해석의 우선순위에 관해 가항부터 아항까지 총 8개 항목을 규정하고 있다. 그중 마항에는 산출내역서가 분명하게 규정돼 있다. 좀 더 살펴보면 건축의 기준이 되는 설계도서에는 설계도면만 있는 것이 아니라 공사시방서(가항. 특별시방서, 전문시방서, 표준시방서), (수량)산출내역서(마항), 승인된 상세시공도면(바항) 등도 설계도서의 하나임을 규정하고 있다.

또한 서울중앙지방법원 건설감정실무(2016년도)는 제3장 '건축물 하자 감정편'에서 관련 법 기준에 따라 설계도서 해석의 우선순위를 판단하도록 지침을 두고 있다. 이에 따라서도 준공내역서에 해당하는 산출내역서, 수량산출서는 현장 설계도면과 표준시방서의 후순위로 적용하는 설계도서 해석의 기준이자 동시에 하자판단 기준으로 제시하고 있다.

이처럼 수량산출내역서는 설계도면에 기초해 시공 자재와 그 수량, 금액 등을 산출해 낸 내역서로서 설계도면에 상세기준이 기재돼 있지 않은 부분을 보충해 건축의 내용을 특정하기 위한 설계도서의 하나다. 수량산출서 내역서에 수량뿐만 아니라 단가도 기재해 공사비를 산정하고 있는 것이 일반적이다. 단가까지 기재돼야 품목의 내용이 더욱 명료해지기 때문이다.

또한 준공내역서는 시설물의 사용검사를 받기 위해 시공자가 필수적으로 제출해야 하는 준공도서에 포함돼 있다. 준공내역서는 시설물의 안전 및 유지관리에 관한 특별법 제9조 및 건설진흥법 시행령 제101조에 의해 시공사가 한국시설안전공단 시설물통합정보시스템에 설계도서의 일부로서 제출해야 하는 서류 중 하나다.

판례는 "위의 관련 규정들 및 법리에 비춰 공사가 완료된 후 설계변경분을 포함해 소요된 공사비, 자재 수량 등 설계물량을 기술한 내역서를 준공내역서라 할 것인데, 준공내역서는 최종설계도서, 즉 준공도서에 포함되고 준공도면을 보충해 이를 해석하는 기준이 된다고 보인다. 준공도면에 누락돼 있거나 기재되지 않은 사항이라도 준공내역서에 기재돼 있는 경우에는 이를 기준으로 하자 여부를 판단할 수 있다고 봄이 상당하다"고 판시했다(서울고등법원 2018나205329 판결). 결론적으로 준공도면에 기재가 돼 있지 않았더라도 설계도서인 준공내역서에 기재가 돼 있다면 이는 하자대상으로 판단해야 한다.

판례로 본 아파트 하자보수완료확인서의 효력

아파트에 입주한 뒤 하자가 발견되면 입주민들의 의견이 모이게 된다. 입주 아파트의 통상적인 하자처리 절차는 어떻게 되나.

입주자대표회의가 구성되면 사업주체(시행사, 시공사) 측에 하자보수를 요청하고 시행사, 시공사는 하자보수반(CS센터)을 운영하면서 일정기간 하자를 처리한다. 입주민들의 요청에 따른 하자보수가 이뤄지면 시행사, 시공사 측은 하자보수완료확인서를 작성한다. 이런 절차는 공동주택관리법 시행령 제38조에 상세히 규정돼 있다.

그런데 같은 법 39조에서는 사업주체가 부담하는 '(하자)담보책임'이 종료되는 요건을 규정하고 있다. 건축물의 하자담보책임기간이 내력구조부별 및 시설공사별로 2년, 3년, 5년, 10년의 제척기간으로 변경되면서 해당공사의 담보책임기간이 내 하자보수를 신청하지 않으면 하자보수를 청구할 수 있는 권리가 없어지게 된다. 위 법 39조는 (사업주체의) 담보책임의 종료에 관한 절차를 규정하고 있다. 제5항에서 사업주체와 입주자등은 하자보수가 끝날 때는 공동으로 담보책임 종료확인서를 작성해야 하며 이는 담보책임기간이 만료되기 전에 작성해서는 안 된다고 규정한다.

그래서 통상 입주민이 요청한 하자보수가 완료되고 담보책임기간이 만료된 이후 위 규정에 따라 절차상 하자보수완료확인서 혹은 하자보수종결서를 작성하게 된다. 문제는 시행사 및 시공사들이 위 하자보수완료확인서 및 하자보수종결서를 두고 '입주민들이 하자보수가 완료됐다는 의사 표시를 함으로써 후에 발생할지 모르는 손해배상채권까지 포기한 것'이라고 주장한다는 점이다. 하지만 법원은 다음과 같은 이유로 이들의 주장을 받아들이지 않는다.

법원은 구분소유자 내지 입주자들 명의의 하자보수종료 확인서는 아파트의 전유부분에 발생한 모든 하자를 전부 인지하고 이를 특정해 하자보수를 요청한 후 하자보수가 종료된 것을 확인하고 하자에 갈음하는 손해배상채권을 면제해 주거나 포기하는 의사로 작성됐다기보다는 보수해 준 하자에 대해 그 보수공사가 수행됐음을 확인한다는 의사로 작성됐다고 봄이 상당하다고 판시했다(부산지방법원 동부지원 2017가합104179 판결 등).

법원은 ① 사업주체가 구분소유자 내지 입주자들로부터 하자에 대한 보수 요청을 받고 이를 보수해 준 다음 하자보수완료 확인서 및 하자보수종료 확인서를 받았으나 아파트에는 여전히 보수되지 않은 하자가 남아 있는 점, ② 시행사 및 시공사가 하자보수를 완료했다고 주장하는 하자들이 감정 결과에서 드러난 하자들과 대부분 일치하지도 않은 점, ③ 일반적으로 구분소유자나 입주자들은 건축에 관한 전문적인 지식이 없어 하자가 있더라도 그것이 하자에 해당하는지 여부를 잘 알지 못할 뿐만 아니라, 하자가 미미하게 발생하는 시점에서는 그 하자를 육안으로 확인하기 어렵고, 하자가 본격적으로 드러나기 전에는 미관상, 기능상 다소의 불편을 느끼더라도 이를 대수롭지 않게 여기고 내버려두거나 절차상의 번거로움 등을 이유로 이를 수인하는 경우가 대부분인 사정을 고려해야 하는 점 등을 감안했다.

즉, 구분소유자들과 입주자들이 일부 하자보수를 받고 하자보수완료확인서를 작성해 줬더라도 이후 하자로 판명되는 부분은 이와 별개로 손해배상청구를 구할 수 있다. 또한 건설회사들은 이러한 하자보수완료확인서를 입주민들이 추후 손해배상청구를 하지 않는다는 합의서의 개념으로 혼용할 수 없다.

또한 시행사 및 시공사 측은 담보책임기간이 만료된 이후 하자보수완료확인서를 작성했으므로 확인서 작성 이후 소를 통해 하자를 주장하는 경우 '입주민들의 하자보수청구권, 손해배상청구권, 하자보수에 갈음한 손해배상청구권이 모두 소멸됐다'고 주장한다. 하자보수완료확인서의 작성시점이 시공사의 담보책임기간 경과 이후인 점을 이유로 '청구한 각 하자는 담보책임기간이 경과한 후에 발생한 하자이므로 제척기간이 도과해 입주민들의 하자보수청구에 관한 권리가 소멸했다'고 주장하는 것이다.

그러나 이번에도 판례는 일부 개별 하자보수완료확인서를 작성해 줬다는 사실만으로는 감정서상 나타난 하자들이 하자담보책임기간을 도과해 발생했다고 볼 수 없다면서 건설회사들의 주장을 배척한다(대구지방법원 2017가합209123 판결). 건축에 관한 전문적인 지식이 없는 입주민들이 하자의 존재를 모두 파악하고 있었다고 볼 수 없다는 점, 또 보수를 완료한 부분에서도 보수가 불완전해 재차 하자가 발생했을 수도 있는 점 등을 논거로 제시한다.

오피스텔·상가 하자소송, 아파트와 다른 유의사항 챙겨야

최근 아파트값의 상승으로 입지가 좋은 주거용 오피스텔의 수요도 높아지고 있다. 주거용 오피스텔은 주거시설로 이용 가능하지만 공동주택에 포함되지 않는 집합건물이다. 집합건물은 1동의 건물 중 구조상 구분된 수 개의 부분이 독립 건물로 사용될 수 있는 건물이다. 주택이 아닌 건물은 오피스텔, 지식산업센터(아파트형 공장), 상가 등이 있다.

집합건물 역시 하자가 발생하면 하자소송을 진행하게 된다. 하자소송에서 가장 빈번하게 등장하는 집합건물은 오피스텔과 상가 등이다. 이러한 집합건물의 하자소송은 아파트와는 다른 점이 있다. 주상복합아파트들에 아파트와 함께 있는 상업시설(오피스텔, 상가)의 하자소송 진행하는 방법이 다르다.

오피스텔과 상가는 주택법의 주택이 아니므로 주택법, 공동주택관리법의 적용을 받지 않는다. 공동주택(아파트)의 가장 중요한 특징 중 하나는 공동주택관리법에서 하자보수보증금의 제도를 규정하고 있다는 것이다. 같은 법 제38조 1항은 공동주택 사업주체(시공사)는 하자보수를 보장하기 위해 하자보수보증금을 담보책임기간 동안 예치해야 한다. 제38조 2항은 하자보수보증금은 하자 발생 시 하자심사·분쟁조정위원회의 하자 여부 판정 등에 따라 하자보수비용으로 사용할 수 있다고 규정하고 있다. 하자보수보증금은 현금으로 예치하는 대신 특정 자격을 갖춘 보증인의 보증서로 대체할 수 있다. 대부분의 경우 보증서를 제출하고 있다.

하자보수보증금은 입주민들의 하자에 대한 손해배상청구와는 별개다. 공동주택의 경우 하자소송을 통해 하자를 적출해 하자를 입증하고도 손해배상을 받지 못하는 경우(시행사, 시공사의 무자력 등)에도 하자보수보증금으로 일정금액을 보수비용으로 보전받을 수 있다.

그러나 오피스텔, 상가 등은 공동주택관리법의 적용대상이 아니므로 사업주체의 하자보수보증금 예치가 의무사항이 아니다. 물론 하자보수보증서를 발급하는 경우도 있지만 공동주택이 아닌 집합건물에서는 보증금이 없는 경우도 흔히 있다. 따라서 집합건물의 경우 사업주체(시행사, 시공사)가 하자보수비를 변제할 자력이 있는지를 충분히 검토한 후 소송 여부를 결정해야 한다. 시행사 및 시공사가 무자력인 경우 애써 소송을 진행해 승소한 뒤에도 보수비를 회수하지 못하는 상황이 될 수도 있다.

오피스텔과 상가 같은 집합건물은 공동주택관리법상 입주자대표회의가 구성될 수 없다는 점도 유의해야 한다. 공동주택관리법 제14조에서는 입대의 구성에 관해 규정하고 있다. 입대의는 4명 이상으로 구성하되 동별 세대수에 비례해 관리규약으로 정한 선거구에 따라 선출된 대표자로 구성된다. 입대의는 공동주택에서 대표자로 선출돼 아파트 관리를 담당하는 의결기구이자 하자 소송시 각 세대의 손해배상청구권을 양도받아(채권양도) 원고가 된다.

오피스텔과 상가는 이런 규정이 적용될 수 없으므로 입대의가 구성되지 않는다. 집합건물법은 집합건물에는 구분소유자 전원으로 구성되는 관리단이 당연히 성립하는 것으로 규정하고 있다. 이 관리단이 오피스텔의 관리주체가 된다. 관리단은 구분소유자 전원이므로 아파트의 입대의와 같이 소수의 인원이 대표성을 가지고 업무를 수행하기 어렵다.

집합건물법에서도 관리단을 대표할 관리인 선임을 규정하고 있다. 집합건물법 제24조에서는 구분소유자가 10인 이상일 때에는 관리단을 대표하고 관리단의 사무를 집행할 관리인을 선임해야 한다

고 규정하고 있다. 선임된 관리인은 관리단을 대표해 소송을 수행할
수 있다. 그러나 그 선임요건이 공동주택관리법의 입대의보다 까다
롭다.

집합건물의 관리인은 관리단 집회의 결의로 선임되거나 해임되며
관리단 집회의 의사는 구분소유자의 과반수 및 의결권의 과반수로
의결한디(집합건물법 제38조). 현실적으로 규모가 큰 오피스텔이나 상
가동의 경우 구분소유자의 과반수가 한자리에 모인 집회를 개최해
의사결정을 하는 것은 쉬운 일이 아니다. 같은 법 제41조는 구분소
유자의 4분의 3 이상 및 의결권의 4분의 3 이상이 서면이나 전자적
방법으로 합의하면 관리단 집회를 소집해 결의한 것으로 본다고 규
정한다.

아파트 하자보수보증금 소송 때 알아야 할 내용

아파트와 같은 공동주택은 주택법과 공동주택관리법의 적용을 받는다. 공동주택이란 건축물의 벽·복도·계단이나 그 밖의 설비 등의 전부 또는 일부를 공동으로 사용하는 각 세대가 하나의 건축물 안에서 각각 독립된 주거생활을 할 수 있게 된 주택을 말한다. 따라서 오피스텔 같은 집합건물과는 달리 주택으로서 보호를 받는다.

공동주택 사업주체(시행사, 시공사)는 하자보수를 보장하기 위해 의무적으로 일정금액을 담보책임기간 동안 예치해야 하는데 이를 하자보수보증금이라고 한다. 공동주택관리법 시행령 제41조는 보증금을 현금으로 예치하거나 보증금 지급을 보장하는 보증에 가입하도록 규정하고 있다. 대부분 보증인의 보증서를 제출한다. 통상 주택도시기금법의 주택도시보증공사, 건설산업기본법에 따른 건설 관련 공제조합이 보증인인 경우가 많다.

아파트에 하자가 발생해 사업주체를 상대로 손해배상청구소송을 진행할 경우 보증회사를 상대로 보증금청구소송을 병행해 할 수 있다. 보증회사의 보증은 하자로 인한 손해배상책임을 보증하는 것이기 때문이다. 손해배상소송은 사업주체인 시행사, 시공사에 청구하고 보증금청구소송은 보증회사에 청구한다. 지급을 구하는 대상은 다르지만 원고인 아파트 입주자대표회의가 아파트의 하자를 입증해 청구하는 것은 같다.

하자보수보증금은 총사업비에서 대지의 조성 전 가격을 뺀 금액의 100분의 3이다. 보증대상은 시공상의 하자로서 기산일(사용검사일) 이후 발생한 연차별 하자이다. 보통 보증금액이 보증대상인 사용검사 후의 하자로 인한 손해배상액보다 훨씬 크기 때문에 사용검사 후의 하자에 대해 충당될 수 있다.

보증금 소송 때 보증한도가 있다는 점과 사용검사 후의 손해만 보증한다는 점에 주의해야 한다. 우선 사용검사 전의 하자인지, 사용검사 후의 하자인지 구별이 중요하다. 설계도면대로 시공하지 않은 미시공, 변경시공은 사용검사 전 하자다. 공사상의 잘못으로 균열, 뒤틀림 등 하자가 발생해 건축물이 안전상, 기능상, 미관상 장애가 발생한 것은 사용검사 후의 하자다.

사용검사 전 하자는 이로 인해 건축물이 안전상, 기능상, 미관상 지장을 초래하는 것을 요건으로 하지 않는다. 다만 판례는 공사상의 잘못으로 인한 안전상, 기능상, 미관상의 지장을 초래하는 하자라도 사용검사 전에 이미 발생한 경우 사용검사 전의 하자에 해당한다고 본다. 거꾸로 미시공, 변경시공으로 안전상, 기능상, 미관상 지장을 초래하는 하자가 사용검사 후에 현실로 나타난 경우 사용검사 후의 하자에 해당할 수 있다고 본다. 예컨대 방수공사를 하지 않아 누수가 발생한 경우 사용검사 후의 하자로 본다.

보증인으로 하여금 사용검사 후의 하자에 대해서만 책임을 지도록 하는 것은 시행자와 수분양자 사이의 특별한 계약내용(예를 들어 고품질의 내장재를 사용)을 시행자가 지키지 않는 경우 계약불이행이기는 하나 건물의 기능에는 지장이 없으므로 당사자 사이의 손해배상으로 해결하도록 하는 것이다. 시공을 부실하게 해 건물이 제 기능을 다하지 못하는 경우에는 보증금제도로서 하자보수를 보장하려는 것이다.

하자보수보증금 청구소송의 보증금청구권의 소멸시효 기산점은 '보증사고가 발생한 때'로 보는 것이 일반적이다. 어떤 보증사는 보증약관에 소멸시효를 '하자담보책임 기간 만료 후 ○년'으로 규정하기도 한다. 약관을 잘 살펴 소멸시효기간 만료 여부에 유의해야 한다.

대법원은 '보증보험계약자가 그 하자에 대한 보수 또는 보완청구를 받았음에도 이를 이행하지 않은 경우'를 보증사고가 발생한 경우로 보며 소멸시효의 기산점은 이러한 보증사고가 발생한 때로 보고 있다(대법원 2012. 8. 23. 선고 2012다18748 판결).

판례는 하자보수에 갈음하는 손해배상청구권과 보증금 청구권의 관계는 부종성(附從性·담보물권이 피담보채권의 존재를 선행조건으로 해 그 권리와 운명을 같이한다는 의미)이 없다고 본다. 만약 시행사, 시공사가 회생·파산에 들어가 권리구제를 받을 수 없는 경우라 하더라도 보증금지급청구는 가능하므로 각 요건을 면밀히 살펴봐야 한다.

아파트 하자소송책임 주체는 시행사! 시공사는?

아파트에 히자가 발생한다면 흔히 건설회사, 즉 시공사를 상대로 대응하는 걸 생각한다. 실제로 건물을 시공했고 입주민들이 입주한 후에는 CS센터를 운영하면서 하자보수를 해주는 곳이 시공사이기 때문이다. 언론도 부실공사 사건이 터지면 시공사(건설회사)를 집중 조명한다. 법률적으로 시공사는 아파트 등을 분양한 자가 아니고 수분양자와 사이에 직접 계약관계가 없으며 원칙적으로 수분양자에 대해 하자담보책임을 지지 않는다.

하자담보책임을 지는 주체에 관해 집합건물법은 '건물을 건축해 분양한 자'라고 하고, 주택법은 '사업주체'라고 표현하고 있다. 이는 일반적으로 시행사를 가리킨다. 따라서 분양자인 시행사가 모든 하자에 대해 책임이 있고, 손해배상소송의 상대방이 된다. 그러므로 아파트와 관련한 모든 하자에 대한 책임은 입주민(수분양자)과 직접 분양계약을 체결한 시행사에게 있고 시공사는 책임을 지지 않는다.

분양자인 시행사의 손해배상 책임 범위에 관해 집합건물법 제9조는 모든 하자에 관해 포괄적인 책임을 부담하도록 하고 있다. 사용검사 전 하자(분양카탈로그, 견본주택 약속위배시공하자, 히향변경시공하자, 준공도면 대비 미·오시공 하자 등)와 사용검사 후의 하자를 말한다.

통상적으로 수분양자 입장에서는 아파트 분양계약 체결 시 이름 있는 시공사, 즉 대기업 건설회사를 신뢰하는 경우가 많다. 아파트 이름에 시공사를 집어넣어 광고하기도 한다. 그러면 건설회사는 입주민에게 직접 책임을 전혀 지지 않는 걸까. 예외적으로 시공사도 책임을 지는 경우가 있다. 바로 시행사가 무자력(無資力)인 경우다.

무자력이란 시행사의 책임재산이 없어 하자손해배상금을 배상할 능력이 없는 상태를 말한다. 민법에는 채권자가 자기의 채권을 보전하기 위해 자기 채무자에게 속하는 권리를 대신 행사할 수 있는 권리인 채권자대위권(민법 제404조)이 규정돼 있다. 이를 활용하는 것이다.

먼저 2013. 6. 19. 이전에 시행되던 구 집합건물법은 분양자의 하자담보책임만을 규정하고 있다. 다만 분양자가 무자력인 경우 민법 제404조의 채권자대위소송에 의해 도급인인 분양자가 수급인인 시공자에 갖는 하자보수에 갈음하는 손해배상채권(도급계약 및 건설산업기본법에 따른 권리)을 대위행사해 시공자에게 직접 금전지급을 청구할 수 있다. 이로써 수분양자들이 시공사(건설회사)를 상대로 직접 금전지급을 구할 수 있는 것이다.

다음으로 2013. 6. 19. 이후에 분양된 아파트의 경우에는 개정된 집합건물법이 적용된다. 제9조는 건물을 건축한 자로서 시공자의 담보책임을 명문으로 규정하고 있다. 다만 제3항에서 제1항, 제2항에 따른 시공자의 담보책임 중 민법 제667조 제2항에 다른 손해배상책임은 '분양자에게 회생절차개시신청, 파산신청, 해산, 무자력 또는 그밖에 이에 준하는 사유가 있는 경우만 지며, 시공자가 이미 분양자에게 손해배상을 한 경우에는 그 범위에서 구분소유자에 대한 책임을 면한다'라고 규정하고 있다.

현행 개정된 집합건물법에서도 시행사의 무자력을 요건으로 한다는 점에서 채권자대위권과 큰 차이가 없다고 할 수 있다. 다만 시행사가 지급한 재료나 시행사의 지시가 부적절해 하자가 발생한 경우 채권자대위권을 행사하면 시공사는 면책 주장을 할 수 있으나 집합건물법에 의한 책임의 경우 그와 같은 면책주장을 할 수 없다. 이러한 점에서 개정된 집합건물법에 의해 구분소유자를 더 두텁게 보호한다고 할 것이다.

또한 2017. 4. 18. 개정된 공동주택관리법 제37조는 '사업주체(이 경우는 시공사를 말한다)는 담보책임기간에 공동주택에 하자가 발생한 경우에는 하자 발생으로 인해 손해를 배상할 책임이 있다'고 규정한다. 시공자의 사용검사 후의 하자에 대한 직접 배상을 규정한 것이다.

위 법 조항 신설 전에도 시공사는 사용검사 후 하자의 보수 담보를 위해 보증금을 공탁할 의무가 있었다. 이 보증금제도(일반적으로 보증사의 보증서 제출로 대체한다)로 인해 사용검사 후의 하자에 대한 보수 또는 손해배상의무는 시공사가 책임지는 결과가 되고 있었다.

요약하면 시행사는 사용검사 전의 하자 및 사용검사 후의 하자 전부에 관해 책임을 지고, 시공사는 사용검사 후의 하자에 대해서만 책임을 진다. 일정한 요건 하에서는 시공사도 모든 하자에 대해 책임을 진다. 구분소유자는 시행사와 시공사의 상황에 따라 적절히 대응해야 한다.

<끝>

"하자 분쟁 시 '많은 세대 참여·빠른 의사결정' 유리"

■ 법무법인 해강 이정은 수석변호사 인터뷰

입대의에 입주민 채권양도 많을수록 배상금액 올라가
합의로 분쟁 마무리할 땐 강제할 방법 없어 주의해야

공동주택 하자 분쟁을 전문적으로 다루는 이정은 법무법인 해강 수석변호사는 "하자 분쟁 때 입주자대표회의가 최대한 많은 입주민의 채권양도를 받고 가급적 빠른 의사결정을 하는 게 좋다"고 조언한다.

이 변호사는 최근 1년간 한국아파트신문에 '이정은의 하자이야기' 23건을 기고해 독자들로부터 "이해하기 쉽고 유익한 정보"라는 평가를 들었다. 최근 이 변호사의 팬이라고 밝힌 한 독자는 홈페이지를 통해 "늘 좋은 내용 잘 보고 있다. 매번 스크랩해서 본다"는 감사의 말을 남겼다. 이 변호사에게 공동주택 하자 소송 이야기를 더 들어봤다.

– 아파트의 하자보수 분쟁을 보며 느낀 점은.

"가장 큰 특징은 입주민과 분쟁 상대방인 시행사, 시공사(건설회사) 간 정보의 불균형이다. 아파트의 하자 소송을 진행해 보면 일반인이 쉽게 알 수 없는 하자(미시공, 오시공, 변경 시공)가 훨씬 높은 비율을 차지한다. 명백히 건물의 기능에 문제를 일으킬 수 있는 하자임에도 건설 전문가가 아닌 일반인들은 알기 쉽지 않다. 하자에 대응하려면 입주민들이 아파트의 문제점과 하자 내용을 상세히 알아야 한다. 막연히 '이런 부분이 불편하다', '하자인 것 같으니 보수를 해 달라'는 식의 요구로는 갈등 해결이 쉽지 않다. 시공사가 성실한 대응을 하지 않을 경우 많은 어려움이 생긴다."

― 하자가 발견됐을 때 어떻게 대응해야 하나.

"우선 많은 세대가 힘을 모아야 한다. 개인이 건설회사를 상대로 갈등을 해결하는 것은 계란으로 바위를 치는 격이다. 소송으로 가면 소송 권리를 입대의에 부여하는 세대의 채권양도 비율이 높을수록 시공사의 손해배상 금액이 올라간다. 건설회사를 상대로 협상력이 올라가는 것이다. 다음으로는 빠른 의사결정을 해야 한다. 법령에서 하자담보책임의 존속기간을 규정하는 제척기간 때문이다. 제척기간을 지나면 해당 하자에 대해서는 손해배상을 구할 권리를 상실한다. 따라서 하자 분쟁이 발생했을 때 CS센터가 철수할 것을 염려해 어영부영 시간을 낭비하지 말아야 한다."

소송에 시간이 오래 걸리고 배상 금액이 기대에 미치지 못할 것을 염려해 소송 전후에 합의로 분쟁을 마무리하는 경우가 종종 있다. 이 변호사는 "시공사가 소송을 막기 위해 입주민들을 만족시키는 약속을 한 뒤 태도를 바꾸기도 한다"며 "합의사항이 제대로 이행되지 않으면 입주민들로서는 이를 강제할 방법이 없으니 주의해야 한다"고 말했다.

― 갈등과 분쟁을 줄이는 방안이 있을까.

"현실적으로 하자보수에 관한 갈등과 분쟁이 줄어드는 방안을 강구하는 것은 어렵다. 다만 문제를 빠르고 실질적으로 해결하기 위해서는 입주민들이 건설 전문가인 시행사, 시공사 측과의 정보 격차를 줄이는 것이 가장 중요하다. 이를 위해 외부 전문가의 도움을 받는 것도 필요하다. 입주민들이 하자에 관한 전문적인 대응을 계속한다면 건설회사에서도 하자가 적은 고품질의 아파트를 건설하지 않을까 싶다."

― 입주민에게 당부하고 싶은 말이 있는가.

"건설 소송에 대해 입주민이 이해해야 할 점도 있다. 입주민이 문제라고 생각하는 부분과 법률적으로 분석했을 때 하자로 인정되는 부분은 차이가 있을 수 있다. 문제를 모두 하자로 인정했을 때 발생하는 사회적 비용을 고려할 수도 있고, 입주민들의 사용 관리상 책임 제한도 발생한다. 모든 분쟁이 그렇듯, 최고가 아닌 최선의 대응으로 문제를 해결한다는 방식으로 접근하면 좋겠다."

― 전문가 기고를 마치는 소감은.

"복잡하고 어려운 하자 소송을 어떻게 하면 이해하기 쉽게 설명할 수 있을지 매 순간 고민했다. 하자 분쟁의 현장에서 가장 쟁점이되는 최신 사례와 판례들을 보며 고심해 주제를 골랐다. 아무쪼록분쟁의 상황에 있는 독자들에게 도움이 됐으면 한다."

이 변호사는 "집은 우리 삶에서 어떠한 재화보다도 가장 큰 영향을 미친다"며 "그만큼 우리 집의 하자에 관심을 갖고, 정확하게 이해하고, 문제 해결 능력을 갖춰 모두 안전하게 내 집에서 쉴 수 있기를 바란다"고 덧붙였다.

김경민 기자 kkim@hapt.co.kr

공저자

이수철

부산고등학교 졸업
서울대학교 법과대학 법학과 졸업
제24회 사법시험 합격
제14기 사법연수원 수료
부산지방법원, 부산지법 동부지원,
부산지법 울산지원, 부산고등법원 판사
부산지방법원, 울산지방법원 부장판사
창원지법 진주지원장, 울산지방법원 수석 부장판사
대한변호사협회 공인 건설 전문변호사

現 법무법인 해강 대표변호사

이정은

해운대여자고등학교 졸업
이화여자대학교 정치외교학과 졸업
부산대학교 법학전문대학원 졸업
제2회 변호사 시험 합격
대한변호사협회 공인 건설, 가사 전문변호사

現 법무법인 해강 수석변호사

아파트 하자소송의 이론과 쟁점
－건설전담재판장 출신의 변호사가 알려주는 아파트 하자의 해법－

초판발행   2025년 1월 15일

지은이   이수철·이정은
펴낸이   안종만·안상준

편 집   우석진
기획/마케팅   김민규
표지디자인   BEN STORY
제 작   고철민·김원표

펴낸곳   (주) **박영사**
             서울특별시 금천구 가산디지털2로 53, 210호(가산동, 한라시그마밸리)
             등록 1959. 3. 11. 제300-1959-1호(倫)
전 화   02)733-6771
f a x   02)736-4818
e-mail   pys@pybook.co.kr
homepage   www.pybook.co.kr
ISBN   979-11-303-4850-6   93360

정 가   17,000원